让世界爱上猫
路易斯·韦恩的世界
LOUIS WAIN'S CATS

〔英〕克里斯·彼特斯（Chris Beetles） 著

张李贝 译

罗德尼·戴尔和戴维·伍顿参与撰写

马未都 & 本尼迪克特·康伯巴奇作序

中国出版集团　中译出版社

LOUIS WAIN'S CATS

谨以此书献给在世的最伟大的猫咪画家莱斯利·安妮·艾沃里，她会懂的。
——克里斯·彼特斯

阅读克里斯·彼特斯的书是一种乐趣，一种激励，这本书是人们可以读到的能了解路易斯·韦恩的生活和时代最全面的文本。

——本尼迪克特·康伯巴奇，在电影《路易斯·韦恩的激情人生》中扮演路易斯·韦恩

路易斯·韦恩发明了一种猫的风格，一个猫的社会，一个完整的猫的世界。

——赫伯特·乔治·威尔斯，英国著名小说家

路易斯·韦恩是最贴近我内心的艺术家。

——尼克·凯夫，澳大利亚著名歌手、演员、小说家

序
马未都

人类早期文明中很重要的行为就是豢养动物。这个行为从未间断，持续至今。在漫长的文明进程中，豢养动物的目的有的发生了微妙的变化，其中猫与狗变化最大，由人类生存的帮手演变为人类生活的陪伴——宠物，近一千年来，这种陪伴越发注重精神内容，让今人的生活色彩纷呈。

宠物，顾名思义是得到了人类恩宠的动物，人类豢养它不再是出于经济目的，而只是在意它的陪伴与观赏价值，用其舒缓生活中的精神压力。至少在宋代，猫就作为宠物早早与人改变了关系，避鼠功用退居二线，陪伴成为生活必需；陆游有诗曰："溪柴火软蛮毡暖，我与狸奴不出门。"他把他养的"雪儿"（猜测应该是只白猫）比作前世的书童，写下"前生旧童子，伴我老山村"这样动情的诗句。

宋诗宋画中留下不少猫的形象，这对于后世了解千年前国人的生活形态十分有益。宋元明清乃至民国，猫作为国人生活不可或缺的一部分，在历史的舞台上，既不充当主角，也不悄然退场，而是站在它应有的位置，孤傲不失温暖，温暖而无谄媚，让我们去体会它的存在。

无独有偶，这一点西方人也注意到了，度过黑暗的中世纪，猫在西方的地位日渐攀升，成为许多家庭中的成员。这一现象渐渐被人关注，于是作家、画家各显其能，记录猫的生活，同时记录下快乐与温馨。

1860年，路易斯·韦恩诞生在英国伦敦，他先天唇裂，说话吐字不清，性格腼腆，在外人看来有些古怪。韦恩的外公设计挂毯，母亲也是设计师，父亲是纺织品推销员。那时正值英国纺织业鼎盛时期，韦恩天天看着这些美不胜收的图案，发挥着自己想象的空间，从最初的涂鸦，到后来的用心追求，逐渐显露了他的绘画天分。

无心插柳柳成荫。韦恩在成人后的日子里，肩负养家糊口的责任，又要照顾患病卧床的妻子，在病榻边为妻子画了很多猫，用以取悦身患重病的妻子。也许这是天意，妻子鼓励韦恩投稿，在1886年的圣诞节，他的画作《猫咪的圣诞舞会》在《伦敦新闻画报》以对页形式面世，150余只猫各司其职，布局丰满且不凌乱，深受市场追捧。这一年圣诞节，韦恩一举成名。

在后来长达半个世纪的日子里，韦恩用他那支画笔，展现自己的技能的同时，还展现了他惊人的创造力，天马行空，挥洒自如，造就了那个时代的猫的历史。这一点韦恩与妻子都没有想到，一份最初最朴素的善心，最终能成为一个世界的温暖。他在创作过程中，将猫在黑暗中世纪形成的污名洗白，让猫不再是女巫鬼鬼祟祟的跟班，得以光明正大地走进千家万户，成为近现代文明的曙光。

韦恩笔下猫的故事距离我们久远，但它仍拨动我们的心弦。在韦恩去世之后，他的画作以及故事长久地被人津津乐道，甚至还被拍摄成电影。无论是演员还是导演，无论是作家还是出版商，他们对韦恩都有着一份敬仰。这份敬仰来自猫的故事，猫的一切，爱与憎，欢与愁，喜与怒，其实这种情感与人类的情感无异，很容易产生共鸣，所以我常说猫的江湖就是人的江湖。

这些年猫作为宠物，在城市乡村陪伴着各色人等，已有席卷之势。它可以帮助人类在纷杂辛苦的生活中获得慰藉，还可以不经意给我们一种生命的启示。韦恩画中的猫帮助我们在中外猫文化中架桥沟通，让我们既知道陆游的猫诗，又知道韦恩的猫画，所有这些就是一个目的——让世界爱上猫。

我爱猫，猫也爱我。是为序。

癸卯夏至

成为路易斯
本尼迪克特·康伯巴奇

克里斯·彼特斯的书令人愉悦、鼓舞人心，是人们能阅读了解到路易斯·韦恩生平和时代的最为翔实的资料。我在电影《路易斯·韦恩的激情人生》中扮演了韦恩本人并担任了这部电影的制片人。当受邀为新版图书作序时，我立刻把握住了这次机会，却发现克里斯已经写得非常充分，还大量采纳了罗德尼·戴尔和戴维·伍顿的文稿，我不确定还能补充些什么。但我想，或许我可以提供一个独特的视角，即我曾经尝试成为这位最独特的人和艺术家。

成为路易斯·韦恩并通过他的双眼看世界是一件乐事。我喜爱韦恩，当我不得不从这个角色抽离时，我感到被掏空一般。他具有敏锐的观察力，这项本领促使他成为大师级的插画家，但是正如克里斯在本书中推测的那样（他的推测非常巧妙），韦恩一方面观察力敏锐，但另一方面不擅长沟通，这两者之间产生了割裂。在两者产生割裂的时候，就会让人感到深深的不安。成为路易斯·韦恩就像在收听一个永恒的声音，时而安静羞怯，时而汇聚成一点，时而又公然对抗世界，对世界说道："苍天有眼吗？"

单纯从他的精力消耗方面来看，又是另一码事。他对艺术的奉献精神永无止境，仅因严重的抑郁、忧伤以及最后年老体衰而有所减弱。他雄心勃勃、把日程排得满满当当，我确实能感同身受。然而，他的精神世界经常超出我所理解的范畴。他思想中那种野性、无拘无束的本性有时会释放出来——那是一个不受常态约束的世界，只有他自己并按照他的标准才能进入。其他一些时候，恐惧感袭来，比如说，当他没能赚够钱，而又要承担起一大家子的生活的时候——这种情况在他生活里经常出现。这些时候，我能感受到好几面墙向我逼近，正如现实世界的各种各样的需求对韦恩而言是过于沉重的负担，而韦恩本身就不大能把握住现实情况。

虽然路易斯对现实的感知与实际的情况之间经常发生碰撞冲突，他的成就却是惊人的。我认为路易斯是在以他自己的方式买单，尽管这在外界看来悄无声息。这不仅仅体现在他出于爱情而与艾米莉·理查森结婚。艾米莉是他妹妹们的家庭教师，她和路易斯属于不同的阶层，还比路易斯大10岁。婚后，他们不得不忍受家庭和社会的排挤。他年轻时还发展了一些兴趣爱好，无论是拳击、即兴钢琴演奏、跳舞、化学、歌剧创作或是描绘发明设计稿，他都如同先知一样全情投入。没有人能说服他，让他知道他所做的不过是吃力不讨好的事或者自身能力有限，无法达成预期的目标。究其原因，或许至少可以说他在一个领域里确实是大师：美术、素描和绘画。他产出速度快、产量高，但这两项品质似乎都没有造成最终优异成品的减损。也许这就是为什么他认为自己可以在所有的活动中抱有同样的热情吧？当然，我能感受到这只不过是在掩盖他内心的自我怀疑和不安。

如果大家稍稍思索一下，就可以看出，正是路易斯的遗世独立造就了他对所有事物纯粹、独特、时而反常的看法。他既是讲究理论的艺术家，也是即兴演奏钢琴的拳击手，同时又是追求独处却又痴迷于他妹妹们的家庭教师的这样一个人。对他而言，每一次的上升与成功似乎都可能引发跌落和与之相关的灾难。路易斯·韦恩的一切都以极端化的方式鸣唱。当他健康状况堪忧或周遭败落，或是遭受两者双重打击的时候，所有的一切就像在万花筒中那样逐渐模糊了边界。在万花筒中，电流、猫咪、爱、时空和混沌化作一团。这样一个精神错乱且焦虑的"竞技场"让人感到恐惧，失去方向。贯彻他一生的——连同他的才能以及爱与怜悯的能力——是一个小男孩的困惑和恐惧，他知道自己与周围世界格格不入；一个兔唇、体弱多病的孩子反复做着噩梦，或者按照他的原话说，"异常复杂的幻象"缠绕着他，直到他9岁那年从猩红热中康复，这些噩梦才停止。但是，结果是他变得"强硬、好斗并难以控制"。说真的，我对此感到巨大的悲伤并为之动容。尤其是当他找到灵魂伴侣，但上苍又从他身边夺走她的时候更是如此。

不知怎的，尽管失意和孤独似乎是永无止境的基调，路易斯的生活却常常令人振奋，鼓舞人心。他为许多人的生活带来了美、欢庆与快乐。他的天赋在于他的眼睛和想象力，创造了伟大的赫伯特·乔治·威尔斯（Herbert George Wells）所描述的"一个完整的猫世界"。

正如在本书以及我们的电影中调查发现的那样，路易斯缺乏商业头脑，对这个世界抱以天真，这也意味着他没能利用好他的巨大人气。由于未取得画作的版权——他通常将画作按照一次性价格卖出——在大量作品被复制的新商业时代，他无疑成了卑鄙的机会主义者的猎物。他没有意识到自身的价值，但同样可悲或更加悲惨的是，他还不知道自己取得了多么伟大的成就。

考虑到这一点以及路易斯的艺术和人生有时是多么"不走寻常路"，毫无疑问，路易斯在创作标志性的猫世界的时候，取得了两项非凡的成就。

首先，他切实改变了我们对猫咪的看法。因为他所创作的猫咪相关的艺术作品以及他对猫咪事业的尽心尽力，人们将猫从一开始仅用于消灭害虫的地位，提升到如今成为人类的好朋友的地位。人们称赞猫咪非凡、神秘、有趣、勇猛、讨人喜爱、独立且性情异常复杂。时至今日，猫咪仍然是人类的好朋友。

其次，（至少对我而言）感触最深的是，路易斯是如何尝试在各种社交场合、休闲活动或政治论战中刻画猫的天性的同时，最终反映了他自己和我们的人性的。他成功地践行了他自己颁布的"指令"，即艺术家要观察和回应他身处的时代和环境，并"成为一面镜子，照射出他所处的自然环境"。他把猫带到家里，拉近与它们的距离。在漫漫历史长河中，猫曾经被视为神灵而受人崇拜，或作为巫师的邪恶盟友而令人心生畏惧。猫与人亲密相处后，获得了人类的认可，成了宠物。在居家环境中观察它们的行为时，正如我们电影版本中的艾米莉·理查森所说的那样，猫咪看上去"可笑、蠢钝、可爱、孤独、恐惧、勇敢——就像我们一样"。她还说道：

"记住，路易斯，无论事情变得多么艰难，无论你感觉多么挣扎，这个世界都充满着美。是否抓住美、留意美，并与尽可能多的人分享美，取决于你自己。你就是一面棱镜，生命之光通过你而折射出光芒。"

这些鼓舞人心的美好话语来自福田知盛的精彩剧本，由克莱尔·福伊（电影中艾米莉的扮演者）完美演绎。现实世界中艾米莉是否真的说过这些鼓舞人心的美好话语，这并不重要。我相信，自那时起，这些话语成了路易斯一生的抱负。这就是我所理解的路易斯最重要的使命：抓住美并与尽可能多的人分享美。当路易斯身处不确定性和健康状况不佳的迷雾和恐惧中，在愈发嘈杂的世界骚乱中，在所有的悲伤、精神错乱以及在伦敦图厅街区斯普林菲尔德精神病院的贫民病房的岁月里，我始终感觉到他的内心和精神中一直保留着艾米莉的影子。

在路易斯晚年时期，一群身份显赫的人士，包括赫伯特·乔治·威尔斯和国王在内，为他筹集资金、大力宣传，帮他摆脱了默默无闻，将他从脏乱不堪的环境中解救出来，并给予他和家人一些尊严。这样，他在走向生命的终点线时，又振作了起来。这不仅提醒着他，也提醒着我们，他最终实现了艾米莉所说的生命的意义。

我希望我们的电影以及克里斯的卓越作品能够打动你，反过来也激励我们每个人在看到身边的"路易斯·韦恩"——陌生人、怪人、边缘人、与周围世界格格不入的人——的时候，可以给予他们更多关爱、温柔和同情。这是我们每个人在人生的旅途，尤其是人生旅途尽头的时候，可以为我们自己，也为其他人所能够多做的一点事。

128 时髦的路易斯·韦恩

136 与路易斯·韦恩一同用餐

138 与路易斯·韦恩一同感受疾病与健康

142 来自路易斯·韦恩的一张明信片

156 路易斯·韦恩的晚期作品
戴维·伍顿

212 路易斯·韦恩的幸运的未来主义吉祥物简介
戴维·伍顿

219 路易斯·韦恩的幸运的未来主义吉祥物分类描述性目录
戴维·伍顿汇编

236 路易斯·韦恩的生平与时代
克里斯·彼特斯 & 戴维·伍顿汇编

目　录

01　介绍路易斯·韦恩
克里斯·彼特斯

40　猫之国：路易斯·韦恩（1860—1939）简介
罗德尼·戴尔

64　路易斯·韦恩成名：早期阶段

82　一个完整的宠物世界

96　"一个由猫咪组成的社会"：《路易斯·韦恩年刊》的世界，1901—1921

100　路易斯·韦恩的音乐生活

108　路易斯·韦恩对法律和秩序的看法

114　路易斯·韦恩的政见

120　路易斯·韦恩的运动生活

LOUIS WAIN'S CATS

介绍路易斯·韦恩

克里斯·彼特斯

"路易斯·韦恩创造了一种猫的风格，一个猫的社会，一个完整的猫世界。"1925年，赫伯特·乔治·威尔斯所写的这段话在广播中流传开来。这位著有《时间机器》的伟大作家以其特有的方式预示了韦恩笔下猫的未来，韦恩笔下的猫成为20世纪最易识别的猫艺术形象。然而，在1925年，赫伯特·乔治·威尔斯描述了一个当前的流行现象：一位猫艺术家，在过去40年里已是家喻户晓，如今他又在成千上万本书籍、杂志、海报和明信片中重现。

在路易斯·韦恩笔下的猫的鼎盛时期，即第一次世界大战之前，这些猫的穿着与人并无二致，画面呈现出时髦潇洒的爱德华时代的欢乐景象：猫咪在餐厅和茶会，去看赛马或去海边，庆祝圣诞节和生日，参加网球、保龄球、板球和足球等精彩比赛，尽情玩耍。正是这样一个路易斯笔下描绘出的灿烂华丽的时代反过来吸引了后面一代又一代人，他们从中感到对闲适社会的热切渴望。这是一个以猫咪为主角的精彩世界，它们无拘无束，有时略带危险，大多数集体活动都有可能演变成不幸、混乱和灾祸。这就是韦恩笔下的世界：妙趣横生、大胆前卫、活泼生动——一个"完整的猫世界"。

路易斯·韦恩出生于1860年，个性腼腆古怪，40岁时成名。在他产量最高的时候，他一年创作了500张猫咪画作，并出版了他广受好评的《路易斯·韦恩年刊》（1901—1921）。

他的工作生涯跨越了明信片盛行的年代。由于其作品以明信片的形式大量传播，他成为20世纪早期最流行、最知名的艺术家之一。1900年至1940年间，75家不同的出版机构将他的1100多幅作品制作成了明信片。

第一次世界大战之后，韦恩的经济困窘可能是引发其精神状态快速恶化，从而导致精神分裂症的原因。他变得孤立无援、不名一文、不可理喻。1924年，他被鉴定为患有精神病，被送到

左图：《幸运的狮身人面像猫，幸运的未来主义吉祥猫》
1914年，陶瓷，5英寸❶高

---

❶ 1英寸等于2.54厘米，12英寸为1英尺，这里的5英寸等于12.7厘米。——译者注

斯普林菲尔德精神病院接受治疗。短暂被人遗忘一年后，他在这所贫民精神病院里被人重新发现，许多作家和艺术家公开为他呼吁，首相本人也参与干涉，韦恩因此得以转院进入条件更好的贝特莱姆皇家医院（Bethlem Hospital）。五年后，他又被转到赫特福德郡乡下新的纳普斯伯里医院（Napsbury Hospital）。他在宜人的环境里一直活到了1939年，画笔不辍，又创造了一个崭新的、更加丰富多彩的猫世界。

我们现在熟知韦恩晚期未出版的作品，主要是因为这些作品揭示了其精神分裂的症状：浓墨重彩的猫有时会变得癫狂，图画中往往充斥着偏执妄想的文字，猫能表现出愤怒与更加间歇性的狂躁，在背景中通常可以看到稀奇古怪的重构建筑物，这些建筑物的部分灵感来自他所在的精神病院。不过，想必韦恩也度过了一段非常快乐的时光——这些晚期作品也常常表现出一种静谧之美，动物们在色彩明快的乌托邦风景中和谐相处。

1972年，伦敦的维多利亚与阿尔伯特博物馆举办了韦恩的首次完整作品展。自那时起，路易斯·韦恩逐渐声名鹊起，他的艺术作品和短时效物品在全世界范围内被人收藏。正是在20世纪70年代早期，我第一次购买了韦恩的作品，倾心于这种艺术，因路易斯·韦恩的故事而着迷。我热切寻觅这些原始资料并痴迷于按照时间顺序整理这些原始资料，这本身可能也是一个值得探讨的案例。不过，我一开始作为收集者，之后作为经销商经手这些成千上万的作品，已经能够从中提取出最出色、最打动人心的意象。

本传记将展示三百幅内容丰富、品种多样的整页插图，所有这些插图都是忠实于原作的再现。

本书旨在与各位分享我对韦恩作品中特别喜爱的领域，例如"晚期"作品以及陶瓷制品，并且期望在生动活泼的线条和色彩上，在规模、范围和影响力方面超越以往的韦恩传记作品，其中包括我在30年前首次出版的罗德尼·戴尔所著的《路易斯·韦恩：画猫的人》。为此，我以艺术作品为核心，围绕艺术作品收集书面材料，始终赋予图像重要地位和充分的展示空间。

本书按照时间顺序罗列了路易斯·韦恩命途多舛且苦恼沮丧的生平，将其置于维多利亚后期和爱德华时代饶有趣味的文化、体育和动荡的政治背景之下。这些背景事件以内容提要的形式呈现，可以与罗德尼·戴尔所著的综合性传记结合在一起阅读。

本书进一步尝试更新了多年来搜集的所有信息。为此，我邀请了罗德尼·戴尔更新了他的拓展论文《猫之国》，这篇拓展论文以书籍形式于1977年由达克沃思（Duckworth）出版社出版，自出版以来已成珍品。令人高兴的是，他又增添了一些有趣的新内容，做了新的调整，增加了新的图像，来再次呈现他的观点。

本书配图丰富多彩，通过这些绘画作品为这位遗世而独立的艺术家代言。简单说来，这些作品可以分成三个不同的阶段：早期、中期/全盛期以及晚年在精神病院的时期。本书对这些阶段进行了粗略的划分。

左图：《喵星人日报》
红色蜡笔，15 英寸 × 10 英寸
这是一幅早期创作的红色蜡笔画，展现了韦恩高超的绘画技艺。韦恩教会了他的第一只猫——"彼得大帝"——戴着眼镜、瞅着明信片的小把戏，来取悦妻子艾米莉。

上图：《赛马日（Derby Day）——他们来了》
钢笔画加蜡笔，19 英寸 × 28 ½ 英寸
韦恩的《赛马日》是对 1858 年威廉鲍威尔弗里斯（英国著名画家）在皇家学院展出的大型讽刺社会全景作品的致敬。弗里斯的这幅作品面向广大群众，获得了经久不衰的美誉。《赛马日》按照典型的套路，描绘了猫咪们在公共场合的失礼举止。自从 1886 年《伦敦新闻画报》圣诞节特刊发布了韦恩的第一张大幅绘画作品——《小猫的圣诞派对》（展示了 150 只猫庆祝佳节）——韦恩的粉丝们本着自嘲的态度，对这些不受拘束、享受放肆行为快感的猫咪们也同样热烈追捧。

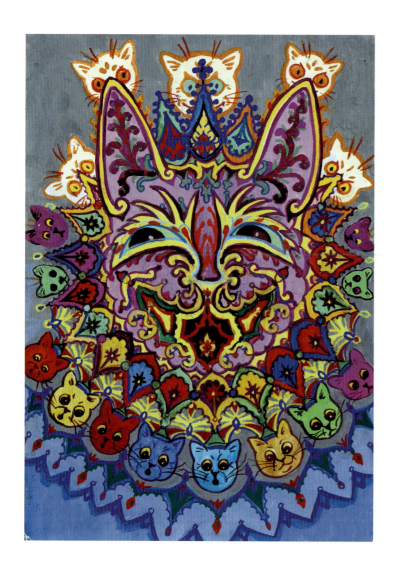

左图：《戴猫头项链的猫》
水彩和水粉，7 英寸 ×5 英寸

这是韦恩晚期精神分裂艺术的一幅典型作品。猫头的耳朵、眼睛和轮廓融合成一个整体对称的图案，或许这是受到他记忆中母亲土耳其风格纺织物设计的启发而创作的。

下图：选自《二十一件幸运的未来主义吉祥物》的一系列作品，1914—1922 年
以符咒和喵喵音符装饰
从左到右：幸运游侠骑士猫、幸运黑猫、幸运大师猫（小尺寸）、饮水猫和幸运猪
1914 年，陶瓷，各种尺寸

右图:《早期西班牙猫》

水彩和水粉,7 英寸 ×5 英寸

这幅带有强烈情绪色彩的晚期设计作品展现了一只毛发呈尖刺状、狂喜状态的彩色猫。韦恩为这幅图起了一个与实际内容毫无关联的怪名,这也是他生命中这一阶段反复出现的一个特点。

下图:《快来喝牛奶啦》

水彩和水粉,6¾ 英寸 ×9 英寸

这是一张韦恩晚年时期在纳普斯伯里医院(1930—1939)创作的典型作品,其中的仿都铎式建筑首次出现于 1904 年韦恩艺术作品的明信片中。

《圣诞颂歌》

布面油画，22 英寸 ×46½ 英寸

这幅作品于 1899 年制作成印刷品，与《迈拉的三便士杂志》（*Myra's Threepenny Journal*）的 12 月刊同步发行。自 1886 年《小猫的圣诞派对》面世以来，拟人猫在唱诗班和声中展现出人类的情感。然而，这部大型油画作品中的猫仍然在很大程度上体现了自然主义画法，不由得令人联想起比利时❶猫艺术家亨丽埃特·隆纳·克尼普（Henriette Ronner-Knip），路易斯·韦恩对这位艺术家的作品非常熟悉。

---

❶ 亨丽埃特·隆纳·克尼普实际上是荷兰女画家，此处原文可能误写成比利时女画家。——译者注

8 页图：水彩和水粉，8 英寸 ×7 英寸

韦恩有五个妹妹需要照料，其中一个妹妹克莱尔一直活到1945年，她回忆道："有时候，韦恩在伦敦似乎心烦意乱。然后，他就会去马尔盖特（Margate），和渔民们一起在野外度过周末，他朝气蓬勃，热衷于跑步、游泳、划船和海水浴。"

9 页上图：《发球》
钢笔画加水粉，14 英寸 ×21 英寸（采用同样大小的彩色平版印刷）
这是四幅一组的大型钢笔画设计作品中的一幅。整组作品以彩色平版印刷制作，极为成功（印刷阶段添加了明亮的色彩）。当时的英国处于第一次世界大战前的爱德华时代，高尔夫（尤其是在苏格兰！）在有闲阶级中非常受欢迎。

9 页下图：这是两幅大约在 1910 年作为印刷品生产的大型钢笔画。体现了典型的韦恩式幽默——古怪、讽刺、绝不缺乏闹剧般的混乱场面。

左下图：《猫城（Catville）里的免费讲座。博学的教授正在向聚精会神的听众阐述他的理论（讲授夜晚的空气对声音的影响）》
钢笔画，13 英寸 ×21 英寸

右下图：《讲台突然间变得好烫，没法站住脚》
钢笔画，13 英寸 ×21 英寸

10 页左上图：《这是怎么回事，裁判？！》

水彩，18 英寸 ×12 英寸

10 页右上图：《完美合身，谁穿都说好》

情场浪子（Masher）："我认为这完全是在侮辱人！"

钢笔画，14¼ 英寸 × 11 英寸

这是一幅非常典型的韦恩讽刺社会的作品，他温和地嘲弄了因广告夸张宣传而广泛流行的战前时尚潮流。这幅图收录于 1915 年的《路易斯·韦恩年刊》。

11 页图：《猫咪家庭演唱"月光下我们来相会"》

水彩加水粉，17 英寸 ×14 英寸

19 岁的时候，韦恩学习了对位及和声，希望从事音乐方面的工作。他一生都非常热爱音乐。在韦恩的画作中，经常可以看到猫演奏乐器，有时是独奏，有时是乐队演奏。微图画家阿尔弗雷德·普拉加（Alfred Praga）记得韦恩在菲尔·梅（Phil May）举办的"星期天晚会"上放荡不羁的样子，韦恩喜爱在菲尔的工作室里自得其乐地即兴演奏钢琴。

12 页图：《运动猫》
水彩和水粉，9½ 英寸 × 12 英寸
韦恩喜欢各种各样的体育运动：板球、足球、马球、槌球、保龄球、高尔夫球，尤其喜爱网球和划船运动。当他 1895 年搬到滨海韦斯特盖特（Westgate-on-Sea）时，他便将自己的房子命名为"本迪戈小屋"，这个名字取自恶名远扬的赤拳格斗拳击手威廉·"本迪戈"·汤普森（William 'Bendigo' Thompson，1811—1880）。韦恩本人非常热衷于拳击运动，还赞助过拳击比赛，曾经师从前拳击手杰姆·梅斯（Jem Mace）。

13 页左上图：《浑身湿透，就为了一只旧靴子！！！》
钢笔墨水和水彩，13 ½ 英寸 × 10 ¼ 英寸
这是最为畅销的明信片设计之一。

13 页右上图：《怎么样？》（OWZAT）
钢笔墨水和水彩，13 ½ × 10 ¼ 英寸
这是一张选自韦恩全盛时期（1900—1915）的明信片，当时非常流行，但画面也表现出一种躁狂状态，可能已经昭示了韦恩未来的困境。

14 页图:《悬挂冬青》
板面油画,20 英寸 ×15 英寸
这是纳普斯伯里医院病房装饰画的一部分,路易斯·韦恩在 1930 年至 1939 年期间每一年圣诞节都会为病房作画。

15 页图:《房屋装潢》
水彩,9 英寸 ×12 英寸
韦恩的成长总是与色彩相伴。他的父亲是纺织品的流动推销员,外公是挂毯设计师,母亲是土耳其风格地毯和基督教会织物的图案设计师。

16页,顺时针从左上起:

这是一组晚期四幅作品,体现了典型的韦恩式美学,色彩浓厚,具有强烈的结构化构图的特点。

《在阳台上》

水彩加水粉,11英寸×15英寸

《谁想打网球?!》

水彩和水粉,7¼英寸×9½英寸

韦恩是活跃于滨海韦斯特盖特网球俱乐部的一名成员,因系着白领带、身穿白色燕尾服出席俱乐部的非正式舞会而给人留下深刻印象。

《痉挛出击(板球)❶,出局!》

水彩,9英寸×7英寸

韦恩的晚期作品有时会透露出他精神异常的特点,比如说上述奇怪的标题,锯齿状的"通电"猫,画作边缘潦草写下的混乱思想:"紧握的能量作用于猫的毛皮,以品脱计,猛地注入能量,猫跑出去,离开击球区界线,返回时四脚着地趴倒在地,误击三柱门,一旦稳定注入能量,猫便能击球得分。"

《打高尔夫球的猫》

水彩和水粉,9英寸×7英寸

虽然这幅图在风格上属于晚期作品,但韦恩经常会回顾其早期明信片设计的内容。

17页左上和右上:

这是展现了韦恩沉醉于精神病院里的活动和消遣的两幅晚期作品。

左上图:《打桌球》

水彩和水粉,7英寸×9英寸

右上图:《拔河》

水彩和水粉,7英寸×9英寸

---

❶ 原文CRICK'HIT取CRICKET板球的谐音,CRICK指痛性痉挛,HIT指出击。——译者注

左图：亨丽埃特·隆纳（Henriette Ronner）

《班卓琴样的猫》

路易斯·韦恩最早期的作品，直至进入 19 世纪 90 年代，都算得上质量上乘。这些作品自然写实，符合当时年代的插图风格。韦恩认可亨丽埃特·隆纳的作品（左图是隆纳的一幅典型作品），在她的作品的启示下，韦恩创作了许多甜美细腻的绘画作品。

左下图：《六只猫的习作》

钢笔画，尺寸不详

右下图：《获奖猫》

钢笔画，20 英寸 ×24 英寸

从此时的"早期"阶段到世纪之交，可见（当时社会）对许多维多利亚时代受欢迎的猫咪艺术家有着挥之不去的亏欠，在猫咪艺术家的待遇以及（猫咪）主题方面，残酷、对抗和混乱不曾远离。

19 页图:《现在看看,谁才是主人?》
布面油画,30 ½ 英寸 ×23 英寸

路易斯·韦恩参与了 19 世纪末立法反对日常给狗戴嘴套的运动。这幅图稍加修改后,于 1904 年被制作成"滑稽猫系列"明信片,标题为《入侵者》。

此时,韦恩正在摆脱风俗画中以实物充斥内景的画法,改用自然不做作的动物恶作剧来表达人类情感的微光。

20 页顺时针从左上起：

《庞奇和朱迪傀儡戏》
浮雕式灰色装饰画，18 ½ 英寸 ×21 英寸

《鬼故事》
浮雕式灰色装饰画，11 英寸 ×16 ½ 英寸

《在沙滩上》
钢笔墨水、水彩和水粉，16 ½ 英寸 ×27 英寸

《快把我逼疯了》
钢笔画，12 英寸 ×12 英寸

21 页图：《避难》又名《现实占有，败一胜九》
浮雕式灰色装饰画，14 ½ 英寸 ×10 ½ 英寸
发表于 1887 年 2 月的《伦敦新闻画报》

上图:《观察捕鼠器》
板面油画,8英寸 ×10英寸

22 页图:《注视着蝴蝶》
板面油画,8½英寸 ×11英寸

上图：哈里森·韦尔
《从舞台左侧退场》
人们欣赏拟人艺术作品已长达几个世纪，因此韦恩最初创作的展现猫咪滑稽动作的绘画对于维多利亚时代那些熟悉哈里森·韦尔（Harrison Weir，1824—1906）同类作品的人而言，并没有多少新鲜感。

左图：《格莱斯顿式旅行提包中的猫咪》
板面油画，8½ 英寸 ×11 英寸

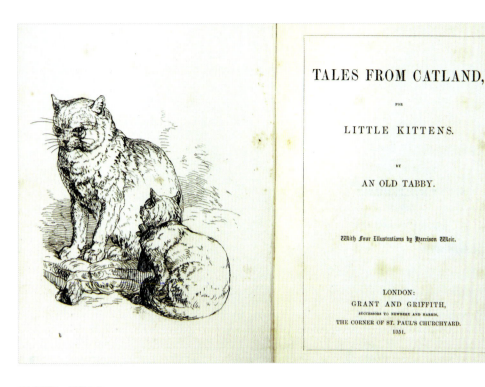

26 页图:《滑冰》

纸板油画,23 英寸 ×18 英寸

油画与其他的绘画媒介一样,对韦恩来说是小菜一碟。但随着韦恩事业上愈发成功,他进行油画创作的机会越来越少。出于编辑和经济方面的压力,他不得不加快速度赶稿,不过有时他也会花时间创作一幅大型油画作品,例如这幅杰出的画作《滑冰》,人们可以从中追忆前一个时代的全景对话片段。

27 页图:哈里森·韦尔

《猫之国的故事》

左上图:从 1851 年出版的《猫之国的故事》里韦尔绘制的多幅整页插图中可以看出,韦恩为 1886 年出版的畅销书《塔比❶ 夫人的学校》绘制的猫咪形象并没有多少原创性,仅是符合当时的绘画风格和猫肖像画风格。

右上图:当时,通俗杂志如《潘趣》(Punch)或《伦敦新闻画报》(The Illustrated London News,简称ILN)的签约艺术家很难展现出与众不同且可识别的外在艺术形象。这是因为从他们的原始作品到最终出版的图像之间须经木雕师之手(《伦敦新闻画报》直到 1888 年才开始常规使用照相制版技术)。尽管如此,韦恩的插画形象还是以其独特的幽默感而广为人知。《伦敦新闻画报》中有一段编辑评论,搭配在韦恩为 1883 年 10 月"伦敦水晶宫举办的猫展"所作的速写作品上,揭示出为何韦恩能够脱颖而出:"我们的艺术家运用他惯常的喜剧想象力,为我们呈现了此次特别的展览会上发生的一些小插曲。"所以说,早在这个时候,韦恩以幽默图片记事的特点便已初步显现,他标志性的艺术形象出现了演变,有别于当时主流的动物艺术创作。随着"工艺"或照相凸版印刷的速度越来越快,图像越来越逼真,木雕行业显得多余,韦恩的艺术形象又获得了进一步的自由,摆脱了因木雕师对作品的理解而产生的千篇一律的艺术效果。

右上图中文字:"猫出了门,回来的时候带了一块用叶子包着的面包"——第 121 页(卷首插图)

---

❶ Tabby 在英文里也有花斑猫的意思。1886 年,著名的麦克米伦出版公司请韦恩为一本童书画插画,该书名为《塔比夫人的学校》,内容是一个小女孩被猫国王同意进入宫廷,去找塔比夫人学习猫界礼仪,这本书出版于 1886 年秋天,很受维多利亚时期家长们的欢迎。——译者注

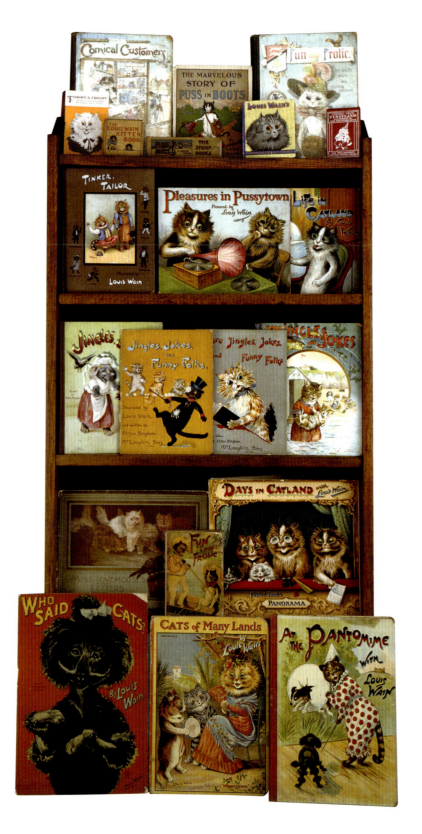

在那个时代,他愈发获得大家的喜爱,艺术工匠不再构成韦恩的铅笔画和水彩画以及热心大众在杂志页面上能看到的图像之间的阻碍。路易斯·韦恩的艺术作品充分迸发出其特有的活泼能量,通过爱德华时代早期的新创印刷技术全彩再现。

从19世纪90年代开始,韦恩经历了一个重要的阶段,赢得了巨大的声誉,获得了一些短暂的财富——韦恩成了猫艺术家的代名词,一时风头无两,这都得益于他的书籍、年刊,尤其是明信片的大规模生产和发行,他的作品遍及英国所有文化家庭。

自那时起到第一次世界大战生活拮据的岁月,大到皮卡迪利大街广告牌上的杰克逊公司的茶广告,小到玩具店的拼图玩具,随处可见典型的韦恩式猫咪系列作品。

左图:路易斯·韦恩是这个时代里完美的"一站式"艺术家,供企业家无情地榨取:他似乎一直推陈出新,永不停歇,创作了大量的猫咪画作,当他的画作印在知名品牌的产品上时才获得认可;他是一位好工匠,天真地以一次性价格出售画作,每次都不保留自己的版权。商人正好可以大肆转卖这些画作,用作各种用途,推销到任何对韦恩作品有需求的零售市场,再印刷到任何物品上。这对当时的出版商而言几乎没有任何风险。在这样一个短暂的流行期,韦恩的画作不仅在玩具、饼干罐和英国生产的瓷器套装上随处可见,还被制成了明信片、杂志、包装材料、日历和书籍。这些大杂烩式的韦恩画作衍生品的数量毫无疑问地很快达到了峰值。这确实变成了大亨阔佬们主导的世界,承包商转手贩卖这位艺术家的作品而发迹,这位艺术家却因为被人太过熟知,从而失去了新鲜感,从人气饱和的名人堂跌入穷困潦倒的绝望之中。

当他健康状况尚可、艺术作品也时兴的时候,他的非凡艺术天赋满足了人们不断变化的需求。他技艺高超,能够在各种媒介上作画,且恰到好处,效果出奇地好。

右图:《世上的猫形形色色,无奇不有》
钢笔墨水、水彩、铅笔和蜡笔,9 ½ 英寸 × 7 ½ 英寸
对韦恩而言,无论是爱德华·伯恩·琼斯(Edward Burne Jones)引以为豪的银尖笔画(第30~31页),还是假装严肃风格的大型猫咪聚会油画,似乎没有什么类型是他不能驾驭的。这些作品非常适合刊登在杂志新推出的可抽取式插页的副刊上,也非常迎合文化消费者群体需求日益扩大的批量印刷市场。

《花斑猫一家》
银尖笔画，9英寸×24英寸

32 页上图：《感谢上帝所赐》

布面油画，尺寸不详

32 页下图：《感谢上帝所赐》

彩色平版印刷，6¼ 英寸 ×19 英寸

这幅印刷作品配有一段说明性文字："根据出版机构所持有的油画原作在纽伦堡进行了彩色平版印刷"，用作《威尔登的裁缝画报》（Weldon's Illustrated Dressmaker）1894 年圣诞节刊物的插图。这幅大受欢迎的印刷作品正是路易斯·韦恩廉价出售其艺术作品和版权的早期证明。

33 页上图:《五只冠军猫》
水粉,15 英寸 ×22 英寸
韦恩作为一名艺术家,热衷于取悦他人,尤其热衷于向权贵人士寻求赞助。从题词中可以明显看出,或许是因为焦虑不安,或许是因为他本性慷慨大方,这幅画作没有收取任何费用。

33 页下图:《五只小猫》
水彩和水粉,10 ¼ 英寸 ×15 英寸

右图：《五只小猫》背面图

（正面图，见第 33 页）

韦恩技艺精湛、性格羞涩、表现欲强，或许这些特质结合起来可以解释他为何在纪念册上留下了成百上千幅速写、生动的文字以及充分展现双手灵活作画以及反写技巧的图画。这些印记为世人展现了一个既冲动又慷慨的人物形象。

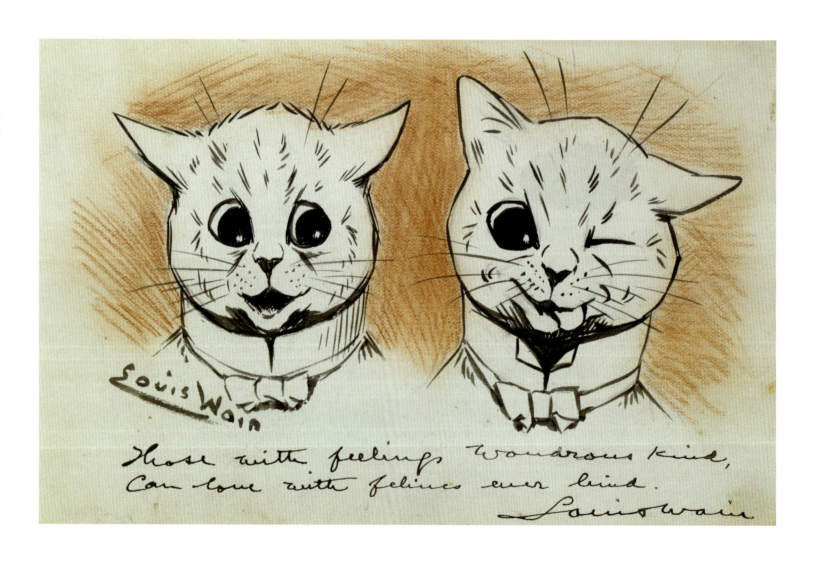

34 页下图：《那些具有奇妙情感的人，可以与猫咪相爱，永不分离》
钢笔画，9 ½ 英寸 ×7 英寸

右图：《猫头》
铅笔画，6 ½ 英寸 ×6 ½ 英寸
从这幅韦恩添加注解的铅笔速写中可以看出，似乎对他而言，右撇子反倒不寻常，值得特别提一提。据说有人当场看到韦恩无论左右手都能够快速作画，甚至有时在他人的要求下，可以双手同时作画。罗德尼·戴尔所著的《路易斯·韦恩：画猫的人》（克里斯·彼特斯有限公司，2000 年出版，第 47 页）中饶有趣味地叙述了无论是慈善机构、私人、公共组织还是路人提出绘画需求，韦恩都会一一满足。他创作了大量猫咪印象画作品，且不收取任何费用。他就像魔术师一样，喜欢卖弄表演，但是和魔术师不一样的是，他慷慨大方，毫无保留。

35 页左上图：《那些具有奇妙情感的人，可以与猫咪相爱，永不分离》
钢笔画，8 ½ 英寸 ×7 英寸

35 页中间图：《天哪，太好笑了！》
铅笔画，14 ½ 英寸 ×9 英寸
从他在纳普斯伯里医院的医疗记录中，可以了解到"他左手作画，但是用右手为作品署名"。本书第 259 页的照片可以为此佐证，他左手拿着画笔，摆着姿势拍照。

35 页右上图：《植物园 1907 年 6 月 28 日》
铅笔画，8 英寸 ×6 ¼ 英寸

右图文字：The Tale of Trip 绊倒的故事

你如果一直待在农场里，
会发现没有什么比亚伯丁梗更好笑，
他认为所有的动物肯定会互相残杀，
注定会伤害他，
一只鸽子模样的小鸟，
打算在他的鼻子上栖息，
他坐在浴桶边缘，
他尖叫着，往后倒下，
就这样，
水花溅得到处都是，
他也搞得浑身湿透。

The Tale of Trip

Than Aberdeen Trip Terrier,
You never could find merrier,
    Till, staying at the farm,
He thought that all the animals
Were certain surely cannibals
    And bound to do him harm.

A bird—'twas of the
    pigeon kind—
Upon his nose to
    perch inclined
As on a tub he sat,
He squealed and
    backwards fell,
    and so—
Around him see the
    water flow—
And he got soaked
    through that.

Trip and the Tub 1

由于没有版权二次利用的限制，也没有可靠的、商业化的代理人帮他把关，印有韦恩绘画图像的书籍和物品数量激增。无论在儿童还是成人市场上，都使用同样的图片，这些图片被反复印刷，呈现出各种版式、包装和格式。当时与现在一样，出版业就像一个对创新如饥似渴的机器，由于人们对韦恩太过熟悉，且审美品味不断变化，在瞬息万变的媒体传播世界里，韦恩的卓越光辉很快就黯然失色。不过，在成千上万本质量参差不齐的书籍中，仍可以找到些意想不到的乐趣。其中就包括拉斐尔·塔克于1918年发行的《每个孩子的图画书》（*Every Child's Own Picture Book*）。这本书收录在塔克爸爸的平价《奇迹》（*Wonder*）系列图书中，内含24枚不干胶邮票，故事以韵文的形式呈现。该书一共有12页，硬纸板封面，卷首插画为一张精美的四色整页插图，描绘了一只打扮时髦的猫"引领时尚"，整体非常出色。

书中的精美插图（见第39页）体现了韦恩的两大优势。第一，他具有在三格漫画中创作一个生动的故事的能力。他曾为美国赫斯特报业集团（Hearst Newspapers）画了三年的连环画，或许进一步提高了这项能力。第二，书中出现了他称之为"矮胖"猫的精彩动画剧集。后来这些"矮胖"猫巧妙地转变成了明信片中的吉祥物猫（见第148页）以及第二年出现的未来主义立体派陶瓷猫（见第219~235页）。

路易斯·韦恩生前一直为获得认可和经济上的成功而奋斗，却在一个世纪之后才获得拥护和赞誉，这一点很是耐人寻味。

或许我们现在生活在一个同理心更强的社会，对那些古怪、奇怪、无常、固执的，因为性格问题而被人忽略艺术价值的艺术家更具有包容心。的确，在如今这个崇尚超级明星艺术的时代，在媒体大肆渲染下，我们可能花了太多精力来追求艺术个性，忽略了真正才华横溢的艺术家的作品，因为前者过分追求感官上的冲击力。

回顾路易斯·韦恩的一生，直至走到生命的尽头，他都非常凄凉。他始终徘徊在社会的边缘，无法与自己特立独行的性格和受过创伤的内心和解。我们不难想象，与他做生意或以任何真诚的方式与他交朋友会有多困难。他精力分散的缺陷使得他的职业生涯一直无法稳定下来。韦恩是一个极端化的"半吊子"，浅尝辄止，对什么都感兴趣，但什么都摸不透。他的理论和所谓的秘方没有学术基础，也没有研究的深度。尽管他总盼着让人眼前一亮，却在真正的知识边缘摇摇晃晃。他"一开始什么都想做，但什么也做不长"。

正因如此，他不可避免地与家人疏远，被编辑拒绝，被出版商欺骗，过着独来独往的生活，只能在牵涉自身利益的情况下才建立起最短暂的友谊。

他的追随者与他相伴了一代人的时光（约二三十年），他却不知道自己有多出名，也没能维持住自己的声望。不过，他意外地带来了令人宽慰的艺术，这是这个时代所需要的，这个时代反过来又给了他一个短暂的名声，直到随着身体健康状况、流行趋势和世界时事的变化，生活滚滚前行，最终将他压倒。

猫之国：路易斯·韦恩（1860—1939）简介

罗德尼·戴尔

路易斯·韦恩曾经说过："在我年轻的时候，没有一位公众人物敢于承认自己是猫咪爱好者。现在，即使是国会议员承认自己爱猫，也不会有被嘲笑的危险。"猫的社会地位提高在很大程度上要归功于路易斯·韦恩本人。独特的路易斯·韦恩猫的诞生与其说是有意为之，不如说是意外之举。这一猫咪形象的成功也使得它的创造者被誉为猫领域的专家，在猫协会中担任众多具有影响力的职务。他毫不吝啬地付出了自己的时间，大力支持，投入了他仅有的少量资金。虽然他对动物的行为和照料方面有着不同寻常的见解，但是"猫界"（Pussydom）还是迅速发展壮大起来。他活到了将近80岁，生命中的最后15年在精神病院度过，不过也是在那里他创造出了最为丰富多彩和富有想象力的大量作品。

这篇文章纵览路易斯·韦恩的生活与艺术，有助于我们评估自己对此了解有多深。我们越是深入了解，越是感叹其有多么丰富。

路易斯·韦恩的父亲是威廉·马修·韦恩（William Matthew Wain），从事纺织业。虽然马修·韦恩在家族企业中表现可圈可点，但令他父亲失望的是，他开始信奉罗马天主教。因此，他被剥夺了继承权，背井离乡，离开了位于斯塔福德郡（Staffordshire）的故乡利克（Leek），搬到了伦敦。他通过教会认识了英法混血的纺织品设计师朱莉·费利西·博伊特（Julie Felicie Boiteux）。两人一拍即合，1859年结为夫妻，前往伦敦的克莱肯维尔区（Clerkenwell）定居。

第二年的8月5日，他们的第一个孩子路易斯·韦恩出生。在他之后还有五个妹妹，分别是：卡罗琳（Caroline）（1862—1915）、约瑟芬（Josephine）（1864—1939）、玛丽（Marie）（1867—1913）、克莱尔（Claire）（1868—1945）和菲丽西（Felicie）（1871—1940）。

一开始，韦恩的世界观就有点异乎寻常，分不清实际发生的事情、他认为正在发生的事情、他想象中可能发生或会发生甚至应该发生的事情之间的界限。这是显而易见的。下面的叙述中，引用的都是韦恩的原话。你会明白我的意思。

韦恩是维多利亚时代所谓的"体弱多病的孩子"。他先天兔唇（或称唇裂），这是一种先天性疾病，如今这种先天性疾病已经很少见了，因为通过手术矫正并不困难。他在童年时期因反复出现的可怕梦境——"异常复杂的幻象"——而遭受折磨。然而，他9岁那年得了猩红热，康复之后，他就再也没有被幻觉困扰过。他写道，从那时起，他变得"强硬、好斗并难以控制"。

《猫咪聚会》
浮雕式灰色装饰画，15 英寸 ×24 英寸

他接受的学校教育并不怎么循规蹈矩。一开始他在伦敦哈克尼区南部威尔街的"果园街男童和幼儿学校"（Orchard Street Boys and Infant School in Well Street）学习。按照他自己的说法，他经常逃学，参观码头、博物馆和伍尔维奇兵工厂，在大自然中漫步。离开果园街后，他进入位于肯宁顿的圣约瑟夫学院，这是一所罗马天主教基金会创办的学校。

他在确定今后职业方向的时候犹豫不决，"兴趣在音乐、绘画、写作和化学之间摇摆不定"。最后，他在 17 岁时决定成为一名音乐家，虽然没有证据表明他能在该领域有所建树。他经常说他之前写的音乐作品弄丢了，其中包括一部完整的歌剧。我们所了解到的关于他的音乐能力的唯一记载是他在钢琴即兴演奏方面既狂野又激动。

韦恩在学习了音乐和美术之后，认为从事美术领域的工作将提供一条更为容易的通往名利之路。他的职业生涯究竟是如何发展的，我们只能看到他自己的说法。后来他写道："从某种意义上说，我一生都在接受艺术训练，为的就是成为这样或那样的艺

术家，除此之外我从未考虑过其他选项。"

他在西伦敦艺术学校（WLSA）学习了三年之后留校，成为该校的员工。从我们对他羞涩又隐忍的性格的了解来看，他的这份工作很难取得成功，而且本身肯定不是一条通往名利的道路。显然，他的目标是成为一位通俗的插图画家，而不是一位"严肃深沉"的艺术家。在西伦敦艺术学校的工作期间，他正好有机会逐步完成了一个作品集，来展示给出版商和编辑。

两个重大事件推动了他的事业发展。一件事是他的父亲在1880年去世，此后，路易斯成了家庭的经济支柱。另一件事是他引起了威廉·英格拉姆爵士的关注。威廉·英格拉姆爵士是开创性画报《伦敦新闻画报》的经营者，他的父亲赫伯特·英格拉姆于1842年创办了该报。该报在采用插图报道新闻方面处于领先地位。当时的摄影技术还不能满足人们的需求，所以英格拉姆雇用了一流的艺术家和雕刻师团队来进行新闻报道。

左图:《淘气猫》

彩色石版画,18 英寸 x 27 ½ 英寸

1881 年 12 月 10 日,韦恩的第一幅公开发表的画作(《月桂树上的红腹灰雀》,误命名为"知更鸟的早餐")刊登在了《体育和戏剧新闻画报》(Illustrated Sporting and Dramatic News,《伦敦新闻画报》的姐妹报)上。第二年,韦恩放弃了教学工作,加入了《伦敦新闻画报》,负责报道动物和农业节目。他赶往展览会,做笔记,画出评审结束后获奖者的速写,再长途跋涉回家,写报告,并为该报告绘制插图。他也参观了一些名胜古迹,他的艺术技巧的另一方面在报道这些名胜古迹的时候脱颖而出。由于笔绘的速度比相机慢,当时的插画师兼记者的压力非常大,韦恩的许多图画和报告都可以在那些年代的《伦敦新闻画报》(1882—1886)中找到。

虽然他工作的时候需要独处,但韦恩并没有与家人完全疏离,尤其是他妹妹们的家庭教师艾米莉·理查森到来之后。尽管艾米莉比韦恩大 10 岁,他们还是相爱了,住到了一起。1884 年 1 月 30 日,也就是路易斯 24 岁那年,他们在汉普斯特德结婚了。

他们的幸福是短暂的。艾米莉被查出患有乳腺癌,不久便卧病在床。让她聊以自慰、转移注意力的是一只黑白相间的小猫,名叫彼得(1882—1898)。路易斯坐在那里为他画各种姿势的素描,一画就是好几个小时,以取悦艾米莉。艾米莉想让韦恩把这些画拿给他的编辑看,但韦恩担心这些草图会减损他作为主业的"重要"插图所取得的成就。当他终于鼓起勇气向编辑展示一些猫咪画作的时候,编辑的意见是:"谁会想看猫的画呢?"当时,这件事就这样不了了之了。

在这个阶段,韦恩仍然是一位技艺熟练的普通插画师。既然他有这么多关于彼得的习作,将这些习作"改进"后发表显然是个好主意。威廉·英格拉姆爵士表示同意。韦恩给他展示了一些包括猫在内的绘画;威廉爵士发表了其中的一两幅,从那时起,他便一直友善地关注着这位年轻的艺术家。

1886 年迎来了转折点。当年,韦恩为儿童读物《塔比夫人的学校》画了一些小猫插图。同年圣诞节,威廉爵士委托韦恩为《伦敦新闻画报》画一幅对页的叙事图画——《小猫的圣诞派对》。这幅画韦恩花了 11 天绘制,包含大约两百只猫(虽然有些猫画得非常潦草,但所有的猫与《塔比夫人的学校》中的猫采用了相同的表现手法)。一经推出,便大获成功。按照韦恩的说法。这幅画让他"一夜成名,世界各地都在打听这幅画的作者"(这也体现了《伦敦新闻画报》的影响力)。在接下来的 25 年里,找

他作画的人络绎不绝。

遗憾的是，艾米莉还没来得及分享她丈夫的成功，便于1887年1月2日离世。在此之前，她一直经受着病痛的折磨。不过，路易斯·韦恩并没有因妻子的去世而陷入郁郁寡欢和哀痛悲伤之中。毕竟艾米莉的离世也是一种"幸运的解脱"，他把注意力转向日益繁忙的工作上来。

在《小猫的圣诞派对》中，我们看到了路易斯·韦恩猫的雏形：戴着单片眼镜正在发表演讲的猫，为舞蹈伴奏的猫咪乐队（尤其注意竖琴手）。随着时间的推移，韦恩猫愈发参与到人类的活动中来，但与此同时又坚定地维持着猫的形象。大约在1890年，韦恩猫进入过渡阶段。这些猫开始直立行走，佩戴花哨的颈饰，戴着单片眼镜，挂着手杖——路易斯·韦恩猫诞生了。1890年圣诞节发表在《伦敦新闻画报》上的画作《猫咪聚会》（见第41页）就是很好的证明。

随着路易斯·韦恩猫的发展壮大，它们的行为举止越来越不像猫，越来越像调皮（或机灵）的孩子。毫无疑问，它们仍然是猫。所有的韦恩猫，无论它们在做什么，都似乎合情合理。当然，如果你对猫咪非常了解的话，就一定会经常看到路易斯·韦恩式的突破。韦恩猫迷（或爱猫人士）不难预见猫咪溜走了，要么是去打高尔夫球，要么就是去参加某项体育运动。

自从19世纪90年代以来，路易斯·韦恩猫出现在各种场面火爆的全景图画中，有时几十只猫互相打斗或与狗打斗，惨烈的后果恐怕也只能存在于想象中。他描绘猫的面部表情非常传神。在《作曲家的庆祝游行》这幅画中，我们看到了各式各样的表情：惊喜、专注、坚定、沮丧等等。

韦恩笔下的猫很少是直接以拟人的讽刺漫画形式呈现的。本书中的一个例外是《市长来访》这幅画。从这幅画中可以看出路易斯·韦恩如果真的想画拟人猫的讽刺漫画，他的表现力会有多强。

促使韦恩笔下的猫具有可信度的一个因素（虽然并非一目了然）是猫不穿衣服。一旦猫穿上衣服，那就是为了要强调图画中的某些内容。例如，在《淘气猫》这幅画（见第42页）中，毫无疑问，中心人物就是那个戴着褶皱帽子的猫。

在《淘气猫》中，我们看到了典型的（由年长妇女开办的）家庭小学（Dame School），里面有可以写字的石板，劣等生戴着高帽站在角落里，墙上挂着（估计是）学校创始人的画像，画像里的上将猫表情严肃地看着周遭的场景。搞笑场面尽收眼底——石板上写着"凯蒂（猫）小姐是只老鼠"（捣蛋鬼因此受到了责罚），墙上挂着猫之国的地图，猫之国的领地包括猫郡（Catsupshire）、鼠郡（Mouseyshire）、斑猫郡（Tabbyshire）和马恩（Manx）岛❶等省份。我们在欣赏这些画作的时候可别忘了，这些画作也是历史的见证，我们或许会对过去一百多年来社会所发生的一些变化感到遗憾。

《旭日之国》这幅画的场景设定在日本，服装强化了图画的主题，画面中充斥着日本元素。在《出海》（见第8页）这幅画中，小猫们穿上了泳裤是为了强调海滨氛围——绝不是为了庄重的效果，看一眼《驾车冒险》就会明白缘由。

路易斯·韦恩很少注意到猫的骨骼结构，或许这样反倒是件好事，否则一些姿势可能很难画。曾经有个挑剔而敏锐的孩子说道："妈妈，它们不是猫，因为它们完全没有骨头。"那个孩子说得没错，路易斯·韦恩笔下很多猫的四肢和身体仿佛是橡胶做的，根据画面的需求摆出各种造型，他对精准度的漠视让人大吃一惊，但不知为何，这并没有让观看者感到任何不适。本书的作品集中，《在葡萄园》（见第50页）以及《我们说过我们在打高尔夫呢》（见第51页）就是两个很好的例证，表明猫的身体结构是为构

---

❶ 英国马恩岛上居住着完全没有尾巴的纯种马恩岛猫。在传说中，马恩岛猫由于较其他动物晚了一步搭上挪亚方舟，尾巴被门夹到，成了无尾猫。——译者注

图服务的。

正如我们所看到的，路易斯·韦恩的绘画意图并不是为了讽刺猫或讽刺人——如果他的画中有讽刺意味，往往是附带的。他的幽默是直接的、喧闹的和维多利亚式的。出于这样或那样的原因，他选择了画猫来表达他的幽默感，就像英国插画家威廉·希斯·罗宾逊（William Heath Robinson）把荒谬的机械工程作为他表达幽默的载体一样。

人们总是倾向于强行解释一些事情。有些人坚信，路易斯·韦恩痴迷于猫是因为彼得与艾米莉的绝症之间的关联。据说，他曾经向一位朋友透露，他已故妻子的灵魂附到了彼得身上。我不太相信这样的说法。如果是这样的话（只是某种观念，不是事实），他也许对待这只猫的态度会更加恭敬。当然，他也画了许多其他的动物。不过，当你在思考这个问题时，请问还有什么动物会更适合韦恩作画，来表达恶作剧等冒险行为呢？

确实，路易斯·韦恩猫赋予了其"唯一创造者"某种类似于"风云人物"的名声（风云人物通常远不如路易斯·韦恩有能耐）。但是，跟"风云人物"一样，他的名气也给他带来了与猫咪相关的虚假权威。由于他画的是猫，那他一定是猫领域的专家。因此，在他为《伦敦新闻画报》工作的五年内，他自然而然地成了英国猫咪俱乐部的主席，随后又获得了许多类似的殊荣。

同年（1891），人们对他的评价非常高，一本关于荷兰猫咪艺术家亨丽埃特·隆纳的书中提到他是少数"理解和欣赏猫咪之美和猫咪性格"的英国人之一，尽管不可否认的是，他的猫"与隆纳女士笔下的猫性格截然不同"。隆纳的作品适合装点巧克力盒，当然她的技艺水平早已超越了此类别的画作。路易斯·韦恩非常欣赏她，一笔一画地临摹她的小猫画作，且不止一幅。

虽然他获得了许多头衔，但他绝对不是猫领域的专家。他对猫和猫诊治方面的想法很奇特。例如，他曾写道：

"猫的大脑处于短暂的发育状态，它的感官在大多数情况下都无法承受快速变化的冲击，精神严重紧张时，消化器官立刻会产生反应。因此，猫会坚持待在原来的家，习惯于周遭的事物，很少动脑思考。当看到一些奇怪或不寻常的场景时，猫的感官会遭受严重的痛苦，这些痛苦是显而易见的。消化功能受到影响，猫就不能很好地进食，往往在大脑恢复平静前就死掉。"

然而，猫脆弱不堪的大脑也有其作用。比如说，当被问及猫是如何从千里之外找到回家的路的时候（这种信念的真实性绝非无可辩驳），路易斯·韦恩回答道：

"猫咪一心想要回家的这个目标在脑海里根深蒂固，以至于它能够推理出方法和手段来实现这个目标。"

他继续说道：

"说来也奇怪，我曾有过这样的感想：猫倾向往北走，就像磁铁朝着北面一样。这种倾向与它的皮毛的电强度有某种密切的联系。"

在大约30年后，路易斯·韦恩在绘制《心灵之火激荡大气层》（见第52页）时，或许联想到了"皮毛的电强度"。

他新奇的猫理论远不止这些，但就目前来说，以上例子已经足够。韦恩看待其他科学话题的观点与当时主流观点不同，这也就不稀奇了。尽管他说过自己"研究过物理科学"，但是他的画作却与这一说法背道而驰。

他经常说，他正在进行"好几项发明"并申请专利。据记

下图：《市长来访》
水彩和水粉，7 英寸 × 8 ¾ 英寸

47 页图：《作曲家的庆祝游行》
钢笔墨水、水彩和水粉，尺寸未知

载，他只有三项发明，而且都处于临时专利保护的状态。也就是说，我们永远无法得知具体的发明细节，只知道他申请了"自行车"和"测距仪"的专利。韦恩的科学研究大抵只是他幻想世界的一部分。19 世纪 90 年代中期他完全是靠艰苦的工作而过活。不过，我们已经看到威廉·英格拉姆爵士对路易斯·韦恩很感兴趣，也正是多亏了他在滨海韦斯特盖特（靠近马盖特）拥有房产，才提议韦恩全家搬到那个小镇团聚。

路易斯热衷于体育运动，擅长拳击 [他曾向拳击手杰姆·梅斯（1831—1910）拜师学艺]、击剑和田径运动。他非常崇拜职业拳击手"本迪戈"（William Thompson，1811—1880），甚至将一家人在韦斯特盖特长期居住的两栋房子取名为"本迪戈小屋"，以职业拳击手"本迪戈"的名字命名。

路易斯·韦恩在树立了自己艺术家的名声后，便觉得没必要再疯狂工作了。他充分利用韦斯特盖特这个滨海小镇的大好风光，游泳、钓鱼、划船。威廉·英格拉姆爵士为韦恩一家提供了切实的帮助，值得我们称赞。

路易斯·韦恩是一名艺术家，但他始终还是一名记者：他的作品往往具有时事性，笔下猫咪的一举一动都反映了各种热潮和事件。比如说，他对航空业革新的态度从以下画作中可见一斑：《出售飞机——多便宜都行》（见第 54 页）以及《F 代表弗朗西斯，他乘着他的大飞机直上云霄》（见第 55 页）。

《来吧，小鸟》所体现的是韦恩作品中经久不衰的主题，基于 C.A. 怀特广受欢迎的同名民谣（1874）：

下图：《旭日之国》
水彩加钢笔墨水和水粉
13½ 英寸 ×20 英寸

美丽的春之鸟已经来到

寻觅一个地方入住建巢

莺歌燕语，轻快自由地歌唱

美丽的鸟儿，来和我一起生活……

我们会快乐、轻松、自由

你将是我的全部

来吧，小鸟，和我一起生活……

一只成年的猫对美丽的鸟儿的真正意图，大家都心知肚明。但对《首席女歌手——金丝雀》（见第56页）中的小猫来说，它们显然过去没有近距离观察过鸟类，从它们的表情中可以看出惊讶和恐惧。特别是左下角的小猫画得特别巧妙，探着身子朝前张望。

毋庸置疑，路易斯·韦恩的作品广受欢迎。在《名画中的猫》（The Book of the Cat）（1903）一书中，弗朗西斯·辛普森写道：

"现今，试问我们当中不论是年轻人还是老年人，还有谁不曾为路易斯·韦恩笔下滑稽可笑的猫而酣畅淋漓地大笑呢？在特定领域里，他就是独一无二的，因为从来没有人将猫描绘出如此不同的姿态和如此丰富的表情。《洛多尔的急流》中的形容词和副词都不足以描述这些有趣猫咪的各种情绪。圣诞节要是没有路易斯·韦恩的俏皮猫咪图画，就像圣诞布丁没有醋栗一样（无核小葡萄干）。"

右图：《驾车冒险》
钢笔墨水、水彩和水粉，彩纸作画，尺寸未知

1895年至1905年间，市面上出现了大约40本路易斯·韦恩绘制插画的图书，其中不少书也是他自己写的。在20世纪初的几年里，他的作品被制作成好几百张明信片。为什么在似乎处于鼎盛时期的时候，他的命运却每况愈下？

路易斯·韦恩命运的衰落似乎与他羞涩仁慈的性情以及缺乏商业头脑有关。他把自己的画作直接卖掉，而且他太怯懦，不敢为自己理应获得的费用或版税进行谈判。结果，到了1907年，虽然他的名声如日中天，但事与愿违的是，他在销售自己的作品时遇到了极大的困难，因为他的很多作品已经在外流通，任由编辑们免费使用。那一年，别人起诉他要求偿还债务，法院也做了不利于他的判决。当时有一个办法可以尝试弥补财产损失，即启航前往新大陆——美国。在那里，他获得了应得的礼遇。

他在美国为赫斯特报社工作，画了三年的连环画。据说，美国和美国猫科动物协会给他留下了非常深刻的印象。美国的猫科动物协会也对路易斯·韦恩非常钦佩。

1910年，他的母亲去世，他便回到了韦斯特盖特。现在他还有四个妹妹要照料，因为自1901年以来，另一个妹妹玛丽（1913年去世）一直住在当地的一家精神病院。卡罗琳和约瑟芬负责家务，曾接受过一些艺术培训的菲丽西和克莱尔低调地从事着相关工作，尽管人们并不担心她们的风头会盖过她们的哥哥。

韦恩名声在外，但经济困顿。他回到英国后与他离开时一样穷——据说他把所有的积蓄都投资在一盏绝妙的油灯上，这个油灯几乎不使用任何燃料。他从美国回来后，下定决心要为这项发明申请并实施专利，不巧战争爆发了。可是并没有他曾试图申请任何专利的记录，他本来大概有四年的时间可以来做这件事。

1914年，他制作了一些"未来主义"的陶瓷猫模型。在马克斯·伊曼纽尔展厅的展览上，一位评论家说道：

"未来主义猫是最为新潮的另类装饰品。它是独一无二的猫咪专家路易斯·韦恩先生奇思妙想的产物。韦恩将未来主义信条

融入陶瓷猫的构造,创造出了一些精彩绝伦的猫咪奇幻作品……可以说,这些陶瓷猫虽算不上特别精美,但总能给人带来欢乐。黄色的猫、蓝色的猫、绿色的猫和粉红色的猫,甚至还有淡紫色的猫,分组摆放,置于未来主义风格的架子上。它们是人们能想象到的最古怪、最奇特的部落。粗糙的立方体线条上呈现出各种各样的面孔,极为怪诞,为的就是博取人们一笑,哪怕是最可悲的人看到它们也能感受到快乐。"

一组作品中包含了四只猫、两条狗、两只猪和一个"怪物"。他还制作了另一组尺寸更大的模型,其中一个模型目前或许可以在《古董巡展秀》(BBC1)的开场片头中匆匆一瞥到。

第一次世界大战持续进行,韦恩一家愈发穷困潦倒。路易斯用他的画作抵付了无数的账单,当时债主的许多子女和孙辈们至今还珍藏着他的作品。路易斯·韦恩私下的生活显然比他笔下的那只滑稽猫所展现的生活要不幸得多。正如之前所说的,他缺乏商业头脑,长期处于现金短缺状态。他常常为生计所困,毕竟还有四个妹妹要抚养。他50多岁的时候已经是个响当当的名人,但是他的作品却无人问津,除非出于善意,要不没有人会想到让他作画。他在美国赚到的钱都投资到那盏绝妙的油灯上,或者(按照字面意思)和陶瓷猫一起沉没了。据说,整艘船的陶瓷猫在运往美国的途中被鱼雷击中。

1914年,韦恩从邦德街的一辆公共汽车上摔下来后,在圣巴托尔缪医院昏迷了两个星期。他的名气很大,《泰晤士报》的公告栏上接连报道了他的病情进展。据说,当时一只小猫突然跑到公交车前,司机紧急刹车导致事故发生。战争引发了纸张短缺,书籍出版数量减少。路易斯·韦恩的事业显然快接近尾声了。

50 页图：《在葡萄园》

水彩和水粉，7 英寸 ×14 英寸

左下图：《来吧，小鸟》

水彩和水粉，7 英寸 ×9 英寸

右下图：《我们说过我们在打高尔夫呢》

水彩和水粉，9 ¼ 英寸 ×12 英寸

不过，在1916年，英国电影制片人H.D.伍德找到了他，问他是否愿意画一部动画片。韦恩努力尝试，但并未取得成功。他画素描的速度极快，但这种能力不一定适合动画片绘画。

1915年，韦恩妹妹中年龄最长的卡罗琳死于那一年的流感疫情。她的去世对韦恩影响很大。战争的声音不断提醒着他英吉利海峡彼岸的情况。1917年，韦恩一家从韦斯特盖特搬回了伦敦，住在基尔伯恩的布朗兹伯里路41号。

韦恩的"怪人"名声或许掩盖了他精神状态恶化的迹象，他的家人和朋友一开始并没有注意到他的精神问题。当他开始四处寻求帮助举办一个猫展（这个猫展是凭空捏造的）并兴奋地谈论他如何培育斑猫时，朋友们不得不开始怀疑他的精神是否正常。之后，他的妄想症更加严重，坚信其他几个妹妹需要对卡罗琳的死负责，还说她们偷窃他的支票，抢夺他的财物，卖掉他的财产。他认为一群幽灵正在投射出电流，这样他就能充满电。他把自己

左图:《心灵之火激荡大气层》
墨水和蜡笔,13 ¼ 英寸 ×10 ¼ 英寸

关在房间里,疯狂地写着他的电学和灵学理论。他开始无休止地移动家具,认为这样做就可以防止家具被夺走。

他变得很暴躁,动不动就攻击他的妹妹们。她们只好找来了医生,1924 年 6 月 16 日,路易斯·韦恩被鉴定为患有精神病。他被送到位于图厅街区的斯普林菲尔德精神病院的贫民病房。在那里,他被认为是一个"有很多怪癖的人,并且拥有许多相当奇妙的妄想"。不过,他很快又开始作画:或许对他而言,这家贫民收容所的严酷环境带来了一个可喜的变化——他远离了债主和家庭责任所带来的压力。

根据当时的诊断,韦恩患有精神分裂症。我们在此没有时间深究这种病症,也没有时间深究多年来精神疾病分类方式的变化。简单来说,我们所了解到的路易斯·韦恩的所有行为举止都与这一诊断相符。1966 年,精神病学研究所所长大卫·戴维斯博士记述了韦恩的情况:

> 他的童年和青少年时期的幻想;他一时的狂热、爱好和执念;他的写作风格和他的艺术;所有这些都表明他患有精神分裂症,而这种病症最终支配了他的生活,以至于到了不得不予以克制的程度。

路易斯离开家后,他的妹妹们竭尽所能地处理他的事务,并

右图:《颅相学》

钢笔画，15 ¼ 英寸 × 10 ¼ 英寸

开始发挥她们自己的才能。约瑟芬当家，克莱尔和菲丽西开设了素描课，创作了一些非常漂亮的玻璃画、（与书脊相对的）书的前页边画和微型画。她们每周都会去探望路易斯，给他带绘画材料，收集他完成的作品再卖出去。

当路易斯·韦恩在斯普林菲尔德精神病院待了一年多的时候，一位名叫丹·瑞德❶的"书商兼推介人员"，同时也是一位精神病院的探访者，"第一个发现"路易斯·韦恩竟然在这里，丹·瑞德从而赢得了不朽的名声。"我想您就是利文斯通博士？"❷这样的故事值得重述。瑞德写道：

我是某个委员会的成员，奉命行事……不得不探访……精神病院。在一次短暂的逗留中，我在走廊上来回走动，注意到一个安静的小个子男人在画猫。我走过去看了看他的作品。

"好家伙，你的画风和路易斯·韦恩的很像嘛。"

"我就是路易斯·韦恩啊。"病人回答道。

"怎么可能？！"我惊叹道。

"但我确实是啊。"这位艺术家说道。他果真是路易斯·韦恩。

肯定有很多人知道路易斯·韦恩在那里。但是，正是瑞德的宣传天赋使瑞德自己能够争取到所需的赞助并启动了一项基金，一周内，路易斯就被转到了贝特莱姆皇家医院的一间私人病房，这间病房还配备了与这位重新被人发现的名人相匹配的护理服务。许多人惊讶地发现他还活着，因为他在过去十年中几乎没有发表过什么作品。

时任首相的拉姆齐·麦克唐纳（Ramsay MacDonald）私下里非常关注韦恩一家的境况，对路易斯本人和他处境艰难的妹妹们都很关切。麦克唐纳在筹集资金的时候，呼吁道：

"十五至二十年前，我们墙上都悬挂着路易斯·韦恩的画作。也许没有哪位艺术家比他更能给年轻人带来快乐。"

---

❶ 丹·瑞德（Dan Rider），全名为丹尼尔·詹姆斯·瑞德（Daniel James Rider）。"丹"为丹尼尔的简称。——译者注

❷ 戴维·利文斯通（David Livingstone，1813 年 3 月 19 日—1873 年 5 月 1 日），英国探险家，传教士，维多利亚瀑布和马拉维湖的发现者，最伟大的非洲探险人物之一。"Dr Livingstone, I presume?"这句问话，后来刊登在《纽约先驱报》，并收录在《大英百科全书》与《牛津国家人物传记大辞典》上。这句问话之所以著名，是因为本来差点淹没在历史尘埃中的探索发现终结了黑人奴隶贸易，推动了历史进程。——译者注

左图:《出售飞机——多便宜都行》
钢笔画,12英寸×17½英寸

在之后的一次筹款呼吁中,H.G.威尔斯写道:

"他创造了一种猫的风格,一个猫的社会,一个完整的猫世界。在英国,假如有猫长得不像路易斯·韦恩画笔下的猫,那它们应该为此感到羞愧。"

《每日画报》(*Daily Graphic*)对这位艺术家的境况特别关心,为他和他的妹妹们设立了一个基金会,后来有人发现其中一笔资金丢失,数额不详。尽管如此,最后基金会还是筹集到了足够的资金,引发了人们对韦恩状况的充分关注。这样,韦恩就能居住在更好的环境,有助于他重拾画笔(在1931年和1937年举办的展览中,基金会又进一步筹集到了资金)。

韦恩之前画猫速度很快,寥寥数笔便能完成,他正是因这些猫咪画作而为人所熟知。他在精神病院里的作品与过去大不相同。他花了很多精力进行水彩和蜡笔画的创作,色彩运用更加活泼(有时甚至比较粗糙),而且想法更为大胆。

过去,我们在作品集里看到的是一系列熟悉的标志性画作,本书增添了一些韦恩的新作品。在大量的晚期作品的画面背景中,

右图：《F 代表弗朗西斯，他乘着他的大飞机直上云霄》
钢笔墨水和水彩加铅笔，10 英寸 ×8 英寸

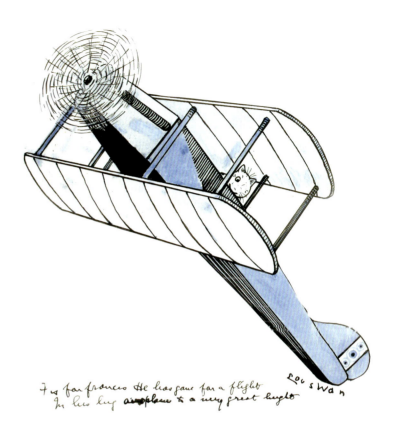

我们看到韦恩在创作中似乎将奇怪的建筑融入这一时期他所在的绝大多数户外场景中。

让我们再回到前面提到的《我们说过我们在打高尔夫呢》（见第 51 页）。这幅画最有趣的特点或许在于，这些猫在保持可信度的同时，看起来却不像真正的猫。这一点我们已经多次注意到。所有的猫都不符合动物身体结构特征，而且有两只猫的毛发是亮蓝色的。中间的那只猫坐着的样子，就像是人假使有尾巴时坐着的样子。右边的那只猫以同样的姿势坐着却不觉得难堪。还有两只猫似乎是通过坐在箱子上来克服这个问题——实际上，这根本无济于事。

对生拇指是使灵长类动物能够站在动物王国的顶端的特征。在韦恩笔下的猫世界里，猫咪也有了这一特征，能够以一种不可能但又完全可信的方式握住物体。有趣的是，菜单中一栏是橙子（茶壶在哪儿？杯子在哪儿？），路易斯·韦恩喜欢吃橙子，朋友们和仰慕他的人经常到医院给他送橙子。他曾经发表过这样的一个理论：

"如果你不想让猫靠近某一个特定的地方，就要在这个地方周围摆上橙子皮。如果把橙子皮放在花的根部，猫就不大会去挠花。我多次发现，只要在花园墙头放上橙子皮，连续不断地排成一列，猫咪就不会越过花园的墙头。"

1967 年，蒂吉·麦克罗（已故）和我曾做过一个实验，或许可以驳斥上述理论。我们得出的结论是，因为路易斯·韦恩爱吃橙子，当他的猫坐在他的腿上时，剥橙子皮时产生的细小气溶胶会让猫咪反感。

《心灵之火激荡大气层》（见第 52 页）是与"打高尔夫球的猫"同期创作的作品。这是一幅极具震撼力的图画：红色的旋涡从猫身上散发出来，就像磁铁的磁力线一样，以铁屑的方式显现。显然，

画面左侧的猫在对右侧的猫施法——从后者的表情来看,施法对它并不利。或许这反映了艺术家的世界观,他的身体通着电,他的食物中有乙醚(所有邪恶的源头),他浑身充满了电,通过双手施法,可以产生治愈的神奇力量。

晚期作品的另一个例子是所谓的"墙纸猫",从《背靠墙纸的橘猫》(见58页)到《早期希腊猫》(见第59页)都属于这个类别。"早期希腊猫"是他自己取的神秘标题。韦恩很喜欢用这些图案进行实验性绘画。弗雷德·德克斯贝里是纳普斯伯里医院的主管护士,后来她成了韦恩的好朋友。她记得他的妹妹们来探望他时,抱怨道:"我们可不想要那些墙纸垃圾。"他画了很多墙纸猫,引发了一些争议。有人断言这些越来越复杂的墙纸图案以及猫外在形象的退化与路易斯·韦恩当时的精神状态有关。别的暂且不论,这种说法暗示了艺术作品提供了某种"精神状态的晴雨表"——可是,它又是如何被校准的呢?

当然,我们知道,在某些情况下,图画中充斥着细节设计是精神疾病的一种表现。韦恩在画《西西里人》时无疑要比在画《你敢!》时的精神状态差。不过,会不会还有什么其他的影响因素呢?

我们知道,路易斯·韦恩的母亲是一位非常有才华的挂毯和织物设计师。这类作品的最初设计稿可能是在某种网格上绘制的。我曾见过韦恩未完成的墙纸习作,在精心绘制的网格上展现了"惊人的对称性"。在我看来,与其说他的精神状态恶化,不如同样

56 页图：《首席女歌手——金丝雀》

钢笔画，5 英寸 x 8 ½ 英寸

合理地设想，路易斯·韦恩是在用他年轻时记忆中的图案进行实验创作。

还有一种可能性我没有提到过。路易斯·韦恩左右手都非常灵巧（虽然他通常用左手画画），可以流利地镜像书写。双手对称绘画的技艺并不难掌握，运用这一技艺绘画的乐趣可能是绘制"墙纸猫"的缘由。

关于这一时期的作品还可以再举一个例子——《完美的猫》（见第 62 页）。图中丰富的装饰最为显眼。关于这只"整体像猫而小部分像兔的红褐色动物"，布莱恩·雷德（Brian Reade）写道：

"围绕着'一只完美的猫'这样的概念，图中散布着一些如梦如幻的树叶，绿色中添加了淡紫色的色调使得这些树叶显得更加鲜活。背景是西班牙的阿尔罕布拉宫。这个地方有着特殊的意义，因为当时有许多猫在那里安家，而且韦恩在 1921 年的《年刊》上发表了关于阿尔罕布拉宫的一幅绘画作品，标题为'现在这里是猫的宫殿'。"

在《完美的猫》这幅画的背面，有一段韦恩手写的题词，典型地反映了他精神分裂症式的胡言乱语：

"又一只孤独的纯正波斯猫现在是，将也会是唯一仅存的活生生的动物，直到今晚召唤它的时候，即兔子可以再次接受考验的同一时间。睡完第一觉，看到光的时候，立即召唤它就能实现……只要它愿意，这只完美的猫会变得更完美。现在鹿也可以用同样的方式变得更完美。"

1930 年 5 月，路易斯·韦恩从贝特莱姆皇家医院搬到了圣奥尔本斯附近的纳普斯伯里医院。那里的建筑物坐落在非常广阔的花园里。虽然他一开始还不大适应，但是医生和护士们竭尽所能地帮助他，使他生活愉快。他后面也接待了许多来客。他画了数不清的画来回报他们，这些画作至今仍被珍藏着。

在纳普斯伯里医院，与路易斯·韦恩沟通并不容易，但他的艺术水平和往常一样高。圣诞节的时候，他绘制了诸如《戴蓝领结的猫》这样的艺术作品来装点病房，乐此不疲，从那以后，圣诞节装饰病房镜子的习俗便延续下来。

左图：《早期希腊猫》
水彩和水粉，7¼ 英寸 ×5 英寸

59 页图：《背靠墙纸的橘猫》
彩色铅笔，9 英寸 ×7 英寸

他的妹妹们还是同往常一样经常到医院来看望他，带来了慰问，也带走了画作。《路易斯·韦恩的伟大畅销作品迷你书》（*Louis Wain's Great Big Midget Book*）于 1935 年出版，其中的素材之前在其他媒介中出现过，有一些作品可以追溯到 20 世纪初。多年来，妹妹们仍然能通过各种艺术方面的工作来养活自己：克莱尔在皇家主权铅笔公司举办的展览上现场作画，绘制出美丽的陆地风景和海景以展示铅笔不同硬度的效果。

1936 年 11 月，路易斯·韦恩罹患中风，语言功能和右半身活动受阻。不过几天后，他又能够用双手写字了，他还用左手画了一只猫，画得特别好。

约瑟芬于 1939 年年初去世。虽然路易斯问起过为何约瑟芬不再给他寄信，家人们并没有告诉他真相。不过，这个骗局并没有持续多久。到了 5 月的时候，路易斯卧病在床，语无伦次，与世隔绝。1939 年 7 月 4 日，他因肾衰竭和动脉硬化去世。

他的遗体被送往位于基尔伯恩的奎克斯路的圣心教堂。第二天教堂举行了弥撒，将他安葬在肯萨尔绿地的圣玛丽罗马天主公墓，与他的父亲和两个妹妹合葬在一起。不到一年，菲丽西加入了他们。1945 年，克莱尔也去世了。

1939 年 9 月举办了路易斯·韦恩的作品纪念展。《泰晤士报》的评论家不经意地写下了韦恩的墓志铭："作为一位给成千上万人带来简单快乐的人，韦恩先生值得被铭记。"

可是，1939 年 9 月并不是一个适合举办纪念性展览的好时机。全世界都在为其他事情忧心忡忡，待整个局势缓和的时候，

60 页图：《你敢！》

水彩加水粉和铅笔，11¼ 英寸 × 9 英寸

路易斯·韦恩早已被人们遗忘——作为公众人物被人们遗忘。许多关于他和他作品的私人记忆，珍藏在成千上万人的心中，处于休眠状态，要等到时机成熟，尘封的记忆才会苏醒。

我从 1966 年开始关注路易斯·韦恩，1968 年出版了本人所著的《路易斯·韦恩：画猫的人》。在写书和出版的过程中，我惊讶地发现自己居然是这位艺术家的第一本长篇传记作者。我非常高兴，不仅是为我自己，也是为路易斯·韦恩，因为这本书引起了人们的兴趣。在 1972 年至 1973 年的圣诞节期间，维多利亚与阿尔伯特博物馆举办了有史以来规模最大的路易斯·韦恩作品集的展览。与此同时，维多利亚与阿尔伯特博物馆的馆长布莱恩·雷德也出版了一本关于路易斯·韦恩的优秀专著，将这位艺术家和他的艺术纳入历史视角。

如今，在路易斯·韦恩去世 80 多年后，我们有了这本新的路易斯·韦恩作品集。他在自己的时代红极一时（昙花一现），之后被一代又一代的人遗忘。现在他又因其最优秀、最发人深省的作品，而非先前鼎盛时期更为人所知的快速绘制的作品，而重新建立起良好的声誉。

61 页图:《西西里人》

水彩和水粉,7 ¼ 英寸 × 5 英寸

左图:《完美的猫》

水彩和水粉,14 英寸 × 10 英寸

右图：《戴蓝领结的猫》

板绘水彩和水粉，21英寸 × 13英寸

路易斯·韦恩成名：早期阶段

第一本正式描述这位艺术家的生活和艺术影响力的著作是罗德尼·戴尔所著的《路易斯·韦恩：画猫的人》，于1968年由威廉·金伯（William Kimber）有限公司首次出版，当时这部著作还没有附上彩色整页插图。写作过程中，罗德尼发现并参考了许多原始资料。其中最具启发性和趣味性的资料之一是1896年罗伊·康普顿为《闲人》杂志所写的一篇采访，尽管是以当时略带戏剧化的口吻描述的。我们在此将这篇文章的全文呈现给各位（见第65～70页）。

当罗伊·康普顿百折不挠、如愿以偿地安排到此次采访时，35岁的艺术家路易斯·韦恩已经小有名气，在接下来的10年里，他将通过数以千计的书籍和杂志的插图以及明信片，广泛地进入流行印刷图像市场。这篇采访正值路易斯·韦恩精力充沛、高产的早期，有助于人们更好地了解其所处的愉快的工作环境。在威廉·英格拉姆爵士的资助下，路易斯·韦恩在滨海韦斯特盖特住在俄式乡间别墅里，几乎过着世外桃源般的舒适生活。

这篇文章已经揭示出在压力巨大和循规蹈矩的商业世界里，韦恩既定的古怪习惯和举止注定了他在未来的几年里与成功无缘。他炫耀自己在广泛领域里的武断见解，这种作风在其多年以后发表在杂志上的高谈阔论和写给大众媒体的信件中愈发明显。路易斯·韦恩精准的观察力（这一天赋使他成为一名优秀的插图画家）与诠释的能力（这使他成为一个低效的沟通者）之间的特征差距是显而易见的。不过，他在一篇具有讽刺意味的短文中的见地却很高，因为在一个世纪后，可靠的科学研究表明健康幸福与家养宠物的陪伴之间有着密切的关联。

"犬类与崇高"

与路易斯·韦恩先生的一次闲谈

作者：罗伊·康普顿

位于韦斯特盖特的本迪戈小屋

在进入正题之前，我想说这是一次颠覆性的采访。按理说，应该从路易斯·韦恩先生开始写起，最后以他的猫尾巴结束。但当我几天前到达具有贵族气息的滨海小镇韦斯特盖特，韦恩先生的母亲和眼明心亮的妹妹们热情地邀请我到本迪戈小屋舒适的客厅里的时候，我得知韦恩先生本人仍在伦敦，他何时回来还是个未知数。

"我想他最有可能乘最后一班车，坐到马盖特车站，然后从那儿跑回来。"

"跑回来？"我惊讶地问道。

韦恩的母亲笑着说："是的，当他忙完一周后，一般都会这样做。他认为运动对他有好处。所以，在他回来之前，您就待在这儿别客气。"

确实，要打发这几天的时间，没有什么比在本迪戈小屋与韦恩先生温馨的一家人相处更愉快的方式了。他们一家人都很有才华，韦恩的母亲天真地说道："她们可没时间去追逐时尚。"她本人就是善良的化身，眼界开阔，知世故而不世故。这是她儿子成功的关键所在，韦恩的艺术天赋也要归功于她。英国的教堂或大教堂里几乎都有她作为设计师留下的一些作品的漂亮样本，她在这个领域里非常出色，一些最棒的土耳其地毯就是根据她的设计编织的。她在小三角形的房间里完成设计和编织，透过窗户，可以看到蔚蓝的大海。

韦恩的母亲一边聊天，一边把一张藤椅拉到火炉旁。在炽热的原木发出的红光中，她把我介绍给了"彼得大帝"或"亲爱的彼得"(他的主人这样亲切地称呼他)。他是一只黑白相间的猫,看得出曾经非常英俊,但抛头露面的生活给他的外表留下了岁月的痕迹。他性情友善,

相当聪慧,毋庸置疑。在他13年的生命中,他潜移默化地帮助韦恩建立起广受欢迎的艺术家地位。韦恩也乐意承认,正是对"彼得"的研习以及对其滑稽行为的描绘,在事业的初期阶段为他带来了公众领域上的成功并赢得了大家的青睐。现在,这只老猫在火炉旁安详地打着瞌睡——他的一切需求都得到了满足,他的一切愿望都得以实现——他是猫中之王。我凝视着他,他半闭着眼睛,两只前爪从围栏里伸出来取暖。我在想,他是否意识到自己比大多数有理智、有头脑的人做了更多的好

事;在火光中,他是否看见了许多小朋友的面庞,他们虽然过着悲惨的生活,但当他们听到关于彼得的小把戏的详细描述,看到他戴着白色领巾在猫的茶会上跳舞或在"跷跷板"上快乐地玩耍的图画时,他们觉得他们所经历的苦难仿佛也没有那么漫长。我觉得有必要将他叫醒,悄悄告诉他,在一个寒冷的冬夜,我遇到了一群小朋友,他们一共有五个人,没戴帽子,没穿靴子,从东边的贫民窟匆匆走出来,其中最小的孩子因寒冷和饥饿而哭泣,其他小伙伴们鼓励他道:"加把劲儿,我们很快就会到的。"我跟着他们在灯火通明的街道上走了一段路,直到他们在一家理发店前驻足。我听到他们的声音转变成了欢呼声,因为窗户里有一本皱巴巴的圣诞副刊,图中彼得正在兴高采烈

猫咪的鬼魂

地在一个大型猫咪茶会上招待客人。饥饿、寒冷和苦难都被驱散了。谁会不想成为路易斯·韦恩笔下的一只猫,在孩童的内心里创造哪怕十分钟的阳光呢?

彼得身边坐着的是一只名叫"比吉特"的毛发光亮的橘色暹罗猫。比吉特有着强烈的偷猎癖好,在彼得的司法监

督下，这种癖好得以收敛。

一只名叫"里奥"的美丽的长毛斑猫，屈尊绕着我走了一圈，步伐庄重而优雅。这让我不禁感叹这位多才多艺的艺术家的模特儿竟是这样出奇地高贵。这些猫让人觉得他们不是普通的猫。你可以欣赏他们，但若想要和他们亲近，便会立刻遭到他们的反感。另一位模特儿"明娜"是一只法国小猫，不仅在外表上，而且在品行上，都算得上是名副其实的巴黎猫。家里

还有两只名叫"乱糟糟"和"短尾"的狗，他们早已赢得了公众的好评。

第二天的午餐铃声响起的时候，路易斯·韦恩先生出现了。他身手敏捷，身材挺拔，是一位真正的艺术家，并没有因自己的职业而装腔作势或自鸣得意，他的举止也极其谦逊，为人朴实。在饭后闲谈时，我请他聊一聊他的职业生涯。

"在西伦敦的学校接受了几年的培训后，我19岁时正式开启了我的艺术生涯。在那之前，我曾断断续续地从事过音乐、写作和化学方面的工作。最后还是选择了绘画。我母亲告诉我，从儿童时期开始，我就非常喜欢涂色，常常把不同深浅的树叶分门别类，自娱自乐几个小时。读书的时候，我学习很拖沓；有时我一次性逃学三个月，而我的父亲却浑然不知，直到收到校长寄给他的一封长信，让他对我加强管教。他对此感到非常惊讶，信读到一半时他才了解到：'您的儿子已经三个月不见踪影！'"

"那您逃学的目的是什么呢？"

"这是个奇怪的问题。我非常喜欢阅读关于美洲印第安人的故事。这个种族的睿智，以及他们绝佳的视力和追踪线索的敏锐度，都强烈地吸引着我，让我浮想联翩。我过去经常在公园里漫步观察大自然，还去参观所有的码头和博物馆。我认为我少年时期的幻想对我未来的艺术生涯起了很大作用，因为它教会了我运用观察力，集中精力观察大自然的细节，原本我可能永远都不会留意到这些细节。"

"起初画猫并不是您的专长？"

"是的，但我一直都很喜欢呆萌的动物。一开始，

我和大多数人一样,觉得画猫是一项艰巨的任务,很难获得立足点。我开始为画报《体育和戏剧新闻》在全国各地的农业展览上画速写,并对农村生活有了深刻的理解。正是因为彼得,我才想到开始创作关于猫的画作。一天晚上,我坐着看他的滑稽'表演',画了一幅几只小猫的习作,后来发表在《女士画报》上。之后,我像训练孩子一样训练彼得,他成了我的主要模特儿,是带领我走向成功的先驱者。他帮助这个国家彻底消除对猫的蔑视,将猫的地位从一开始只有老姑娘才关心和爱护(这一点值得怀疑)的处境提高到了真正占据家庭中永久性的席位。经过多年的调查和研究,我发现所有养猫并习惯于照顾猫的人都不会患上所有凡夫俗子都可能患上的小毛病,即轻微的神经紧张。他们也没有歇斯底里和风湿病的困扰,而且所有的'猫咪'爱好者的性情最为美好。当我在家搞研究的时候,我也常常感觉到,在长时间的脑力劳动之后,我的几只猫坐在我的肩膀上,或者和我的宠物'彼得'聊上半小时,对我很有好处。我们的英国猫正在演变成更加优良的品种,虽然这个过程缓慢,但是确确实实在发生。它们和现在那些喜欢在瓷砖和烟囱旁待着的犹犹豫豫、性情反复无常的猫咪们几乎没有多少亲缘关系。经过精心的培育,它们瘦长的身体和长长的鼻子消失了,脸部变圆变短,就像一连串的圆圈,表情里满是天真,整体性情有些骄傲自负,但并不让人讨厌。自从英国猫咪俱乐部牢牢把握住大众的喜好以来,长毛和短毛猫的品种质量也发生了惊人的变化。"

"我记得,您首次大获成功是在《伦敦新闻画报》上发表了横贯两版的《小猫的圣诞派对》?"

"彼得"

路易斯·韦恩先生

"是的。我向威廉·英格拉姆爵士提出了这个想法,我的成功要归功于他的善意关切。首先,他给了我巨大的鼓励,收下了我的一些素描稿,这些稿子有望发表,但还不够好,不值得大批量印刷生产。我花了十一天的时间创作《小猫的圣诞派对》这幅画,里面包含了一百五十只表情各异的猫。"

"然后就峰回路转了?"

"是的。这幅画引起了公众的兴趣,此后我就收到了来自世界各地的邀稿。"

"那您平时的工作是什么样的呢?"

"一天画十四个小时,一旦状态不佳,觉得怎么画也画不好的时候,我就放下画笔,写一则幽默的故事,或者研究化学。"

"那您是如何积累这么多幽默的想法的?"

"我在画画的时候总是在做笔记,同时也在计划我的下一个主题。画猫并不是我唯一的专长。实际上画鸟可以提供更大的表达空间,呈现多种多样的想法。这是我画的一只猫头鹰,"韦恩先生说道,同时递给我一张素描稿,"他是我的模特儿之一,也是一个善妒的家伙。在他居住的房间里有一个猫头鹰毛绒玩具,他非常憎恨这个玩具,某天对它发起攻击并把它撕成碎片。结果,他突然死于砷中毒。我给你拿一些我的笔记本,你可以自行鉴赏一下我画的各种黑白画。"

韦恩先生抱着一摞笔记本、一块画板,拿着一支铅笔重新出现在我面前。他答应为我画一幅特别的猫咪素描,献给《闲人》杂志。不可思议,他作画是那么迅速、那么娴熟。

"那您觉得画黑白画的人❶有前途吗？"我一边看着他作画，一边问道。

"有前途啊，前途光明。目前来看，他是他自己的敌人，因为他倾向于墨守成规，而不是顺应这个时代的精神，对所有的热潮、进步、偏见和教义并不敏感。就我个人而言，我为各家报社轮流工作，因为根据经验我发现，如果你为一个编辑工作，你就会得到一种类型的想法，但如果你不断改变，就能避免堕落腐化。一个人绝不能既没有想象力，又没有判断力。他的素描应该是对他所要取悦的各种人物的准确洞察和欣赏的结果；他应当成为一面镜子，照射出他所身处的自然环境。"

"如今支付给这类画家的费用要比过去十年少得多，因为过去的画必须在每个细节上都达到精确，才能获得认可。"

韦恩先生讲着讲着，猫咪的鬼魂出现了。我离开的时候，它们与我结伴而行。

---

❶ Black-and-white man 既可以指画黑白画的人，也可以指具有非黑即白思维的人。——译者注

路易斯·韦恩先生

路易斯·韦恩和他的三个妹妹以及一位朋友,在滨海韦斯特盖特的科林伍德排屋 7 号的后花园

我是如何画猫的

作者/插图：路易斯·韦恩

关于我是如何画猫的这个问题，很难准确回答，因为这在很大程度上要视具体情况而定。比如说，我喜欢坐下来对着我自己的猫或别人的猫进行一小时的写生，将自己的情绪带入画中的猫。有时我坐在画桌前，处于放空状态，突然灵感就来了，兴致好的话，哪怕没有参照物，也可以画出逼真的猫。

不过，直接对着猫咪写生，作品会更加生动、更有说服力，也更事半功倍。绘画更自由，光影更大胆、自然，没有什么能够比这更好地展现自然之美。

但是，有很多的情绪可以借鉴使用。假如我想画一只真正的笑脸猫，不可能直接从现实世界中获得。我必须提前一天去看真正的猫，然后将这个猫的形象印在脑海里，有了真实的猫打底，头脑就会自然而然地将这个猫塑造成幽默的形象。

同样地，假如我想要画一个简笔画的、非真实性的漫画猫（咧嘴笑的猫），那么我就必须抛开真实的猫咪形象，随心创作。按照这种方式可以画出各式各样的猫，种类之丰富、每天情绪之变化连自己也颇为吃惊。我一次性可以画一百五十只笑脸猫，且没有两只是雷同的。

还有一种画猫的方法。这种方法我经常用，即带着素描本到餐厅或其他公共场所，将不同姿态的人画成猫，画的时候要尽可能地抓住人物的特征。这样同时获得双重写生的效果，我认为以这种方式创作的画作是本人的最佳幽默作品。

有人告诉我，我画画的时候很严肃。但实际上，我的内心充满了欢声笑语，直到我倦了累了，但不是因为画画而累，而是因为内心欢笑太多而累。这是一种非常热烈的、非常有趣的笑

同样的素描，加上阴影部分，绘画时间两分半钟。

写生素描，快速勾勒，不掺杂个人想法，绘画时间一分钟。

同样的素描，黑白两色绘制，绘画时间五分钟。三幅图共耗时八分半钟。原作的尺寸是这些复制品的两倍大小。

《三只小猫》

声,让人沉浸其中,忘记自己身在何处。之后我常常有种全身酸痛的感觉。

有时我在慈善义卖会上绘画时会有这种心境。此时,我的铅笔就会有节奏地沙沙作响,在很短的时间内画出大量的素描稿。这些都是根据我脑海里的深刻印象画出来的,绘画效率很高,充满了生命力。我有时在想,自己应该保留这些素描稿,因为我在工作室或其他条件下不能像在义卖会上一样画出这样的作品,而且我身边没有任何东西能表

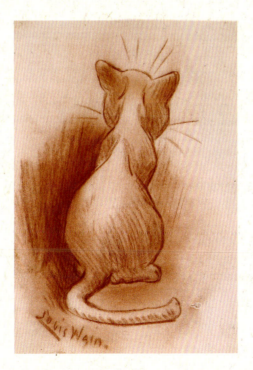

《猫》

现出这些情绪。用我的话来说,这就是一个人力所能及并保持理性的情况下所能表达的生活的精华。

当然,我也试过常规的绘画方式,即兴致来的时候绘画,不过那已经是很久以前的事了。

我们知道,不管是现在还是将来,只要逼迫自己一下,总是可以在任何时候获得这种工作的兴致。当我工作感到倦

《一只眼盯着你》

《一般来说，猫并不是好的绘画模特儿》

《笑脸猫》

75页图：《二十只猫》

怠的时候，我最喜欢的方式就是跟这种倦怠感对着干，直到这种倦怠感消磨殆尽，我也变得更加强大了。这可能听起来很矛盾，但事实是，倦怠并不总是意味着精神上的无能，或身体上的残疾，而只是由于缺乏兴趣无法集中精神，从而导致的精神上的懈怠。我想向读者严肃强调这一点，因为通常情况下，良好的健康、精神和工作状态都取决于精神的集中；事实上，精神集中是人类所有努力的激励因素。如果一个人根本无法集中精神，那么一切都会出错，工作的时候会情绪化，健康状态摇摆不定导致身体孱弱、思想停滞不前，任何有助于实现精神集中和引起兴趣的方式对个人来说都是极为重要的。

有时一直画铅笔或钢笔画，头脑已经有点厌倦了，我就会欣然将彩色画作为一种放松。有时反之亦然。

我刚创作完成一整个系列的异乎寻常的新奇猫，并

《我不开心吗?那是因为我把一些快乐转给你啦》

将它们作为陶瓷猫生产。为这些猫设计各种造型是最有趣的,我一刻也离不开它们,夜以继日,直到作品完成。这是因为,第一,我想到了新点子;第二,它们给我提供了充分的表达空间;第三,我随心而行,设计的时候走一步看一步。这是一种情绪的表达,无论最后成果如何,对我来说都是一种惊喜。

但是,有一件事很特别。我在画猫的时候总是先画猫的耳朵。每次都是这样,如果我尝试换个方式,比例肯定会出错。为什么呢?我也不知道。或许这仅仅是个人习惯,我已经养成了这样的习惯,很难改变,或者说是其他什么原因导致的,对我来说都一样。只要一开始没有用猫的耳朵为画作定下基调,作品就难以令人满意。

同样,我习惯于坐在书桌前,在平面绘图板上作画,如果我改用画架,我的作品就会变得完全不一样,仿佛是另一个人完成的。用画架作画需要更强的力度把控能力、更自由的创作方式以及更好的色调,但无法进行细致的描绘。

接下来要谈谈绝妙的6B铅笔画。在作画的舒适度、处理的自由度和力度方面,没有什么能比得上6B铅笔画。当然,你必须彻底了解你的作品,用铅笔作画时要坚定有力。

但也许最让人大伤脑筋的就是用红色的威尼斯粉笔(裁缝画线的滑石)作画——那是一种棕红色、色彩浓烈、有惊人之美的粉笔。这种质地用在纸张上很不顺滑,连续作画会非常磨人。

由于我的绘画速度很快,每一笔都必须非常精确,不加修改,不像铅笔画那样可以涂改,只要有一根线条画错,整幅图就会以失败告终。一开始也不能用铅笔打草稿,因为铅笔留下的印记表面光滑,用粉笔再在上面作画会很困难,而且用橡皮擦擦掉铅笔底稿也会破坏纸张。

《你越是想让它们安静下来,它们就越是要动来动去》

《用 6B 铅笔画的草图》

象方面，都是最佳时机。偶尔会有一只猫足够自恋，喜欢被画，但大多数猫都鄙视艺术以及所有与之相关的巧妙花招。

我一定是非常爱猫，才说服它们为我做了这一切。在画它们的时候，你总是会忘记自己身处何处，不知从哪儿开头又从哪儿结束。它们总是不停地在动，你必须以最快的速度用铅笔作画，记录下强烈的、生动的、心理的印象。你不能停下来慢慢研究——那将是致命的。

不利于后面用粉笔作画。所以，当我难得鼓起勇气用红色粉笔作画的时候，可舍不得半途而废，否则前功尽弃。

从一般意义上讲，猫并不适合摆姿势让人画像。你越是想让它们安静下来，它们就越是要动来动去；你越是想尝试这样做，就越是引起它们的怀疑。不过，晚间他们情绪柔和，无论是明暗色调方面，还是快速捕捉形

《瞎说！》

《以迅雷不及掩耳之势捕捉记录的瞬间印象》

必须在它们的形象在脑海里还很清晰的时候赶紧画下来。有时，先用几笔完成素描，之后在闲暇的时候再补充其中的细节，效果会很好；但有时，事后再补充修改，反而会破坏之前更为精巧的素描。

对于刚开始学习画猫的学生而言，最靠谱的方法就是买一只售价一先令的陶瓷猫模型。它可不会逃走！

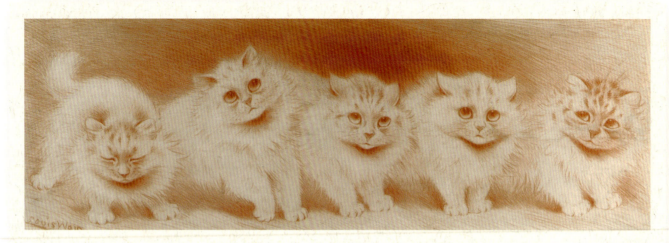

《一排小猫》

《我正看着你》

《我想……》

《哪个是我的最爱?》

《艺术家们》

《涉世未深的喵小姐,首次进入社交界》

一个完整的宠物世界

"动物们是如何看待自己的外表的"这篇文章发表于1922年的《校园女生年刊》,不经意间揭示了路易斯·韦恩(20世纪拟人艺术的主要拥护者)与他的数百万追随者之间的共同点。当然,韦恩养了很多宠物,"彼得大帝"是他的第一只宠物(他取的名字),之后又养了数百只宠物,所有这些宠物都成了家庭工作室和素描本背后的无名英雄。

上图:《彼得》

左图:《一只正在睡觉的斑猫(习作)》

上图:《最好的朋友》

1896年出版的《闲人》杂志(见第65～70页)为我们介绍了他一屋子的宠物,这是他的第一批宠物。多年以后,又出现了很多关于他家的"小型动物园"的报道(他又养了很多狗、猫和鸟类等宠物)。他真诚地对外宣称"自己喜爱所有呆萌的动物"。他也相应地给这些动物们注入了人类的情感,向它们寻求慰藉,期望它们以人类的行为模式予以回应。从多愁善感到动物拟人化

上图：《暹罗猫双胞胎》

的乐趣只有一步之遥：两者思维方式紧密一致，即使两者不一致也不过是让人会心一笑，而不会认为其荒唐，招致人们反感或让人不认同。

韦恩与许多宠物主人一样，似乎也将动物们视为大家庭的成员，喜欢把它们描绘成和谐相处的状态。当然，在野外，这种和谐状态会被严酷的自然法则所颠覆。韦恩觉察到了这点，并以滑稽可笑的动物之间的小打小闹来展现。他乐观地看待世界，认为人类应该为了共同的利益而联合起来。他给报社写信，宣传这种思想，但没有什么效果。除此之外，他通过展现一个团结一致的幻想中的动物王国来表达这一观点，效果反而更好。在这样的一个理想世界里，动物们表现出良好的礼仪和美好的情感，彼此相互关心，甚至狮子和羔羊躺在一起，和谐共处。

下图:《保镖》

86 页图：《入侵者》

上图：《给我一点牛奶好吗，小猫咪？》

然而，韦恩的许多玩笑和卡通画的背后所反映出的是他个人生活中遭受的挫折和磨难。他天性单纯，容易轻信他人，任何事情都能看到积极的一面，不过他的插图作品普遍体现了悲观的结局。他在艺术作品中散布一些混乱和不安的因素，最终不可避免地导致灾难的发生。但是，就在这样一个充满闹剧的幽默的世界里，参与者只是受了点伤，没有人会死亡。正因如此，这样的世界才更加受到大家的喜爱。多灾多难的世界里不可避免地潜伏着威胁，令人欣慰的是，通过闹剧固有的幽默总能找到控制和应对的办法。

右图：《亲爱的小鸭子，我不会吃你们的》

下图：《夜袭》
这一设计最早大约于 1904 年由 J 比格斯公司（J Beagles & Co.）在《人生七幕》系列明信片中发行，以莎士比亚的《皆大欢喜》中杰奎斯的著名演讲为蓝本。这幅作品最初被命名为"然后是一个军人"，而后重新以单独的明信片形式发行，采用了现在更加通俗易懂的标题。

上图:《准备野餐咯》

动物们是如何看待自己的外表的

作者：路易斯·韦恩

人们有没有注意到猫对自己的胡须有多么骄傲和自豪，它们是多么小心翼翼地保持胡须的清洁？观察一只猫喝水，你会发现它喝水时通常会把胡须往后撇，以免弄湿和弄脏胡须。注意猫喝完水后是如何用爪子抚摸胡须，将它们变得更光亮的，以及猫如何打着哈欠，使劲儿地将胡须再次在空气中舒展开来弄干。

有些猫宁愿饿死也不愿意吃装在大盆里的软食，因为那样可能会弄脏胡须。这种保持胡须清洁的虚荣心往往会使猫咪因缺乏合适的食物而生病，而家人却在猜测可怜的猫咪到底怎么了。瞧瞧，猫就是这么反感胡须被触碰，如果它能站在桌子这样的高度大肆展示它的胡须，它会变得多么温柔。

注意看，猫在喝水时通常会把胡须往后撇，以免弄湿或弄脏它们

在我看来，普通的猫对它的胡须的思考要比对它的女主人或它的家的思考更多，在很多情况下，我确信这是一种宠物的虚荣心。猫的胡须很纤弱，而且高度敏感，有时会因高兴而一颤一颤的；如果你仔细观察，胡须会透露出猫正在想什么。虽然猫的眼睛让人看不透，但胡须却把它们的"主人"出卖了，而且大多是虚荣心作祟。

虚荣心让猫留在人的身边，虚荣心让它在人的腿边蹭来蹭去，碰来碰去，它很有把握你会无法抗拒地喜欢上它；当它在你的肩膀上安顿下来后，就代表它喜爱你，这是一种相互的信任。它对自己的皮毛、有条纹的爪子、耳朵和胡须都自视甚高，但我从未见过一只猫因自己的项圈而感到沾沾自喜，尽管有时它会为蝴蝶结而得意扬扬；蝴蝶结是一种真正的华而不实的东西，我的许多猫知道，如果他们被迫系上蝴蝶结，当天的猫展就会开始；有时他们会生闷气，一整天都不抬头，耷拉着脑袋坐着。

这只猫坐在砖砌的门柱上，朝过往的陌生人喵喵叫，希望得到关注

其他一些猫则会选择坐在扶手椅的顶端，自鸣得意地发出呼噜声，一脸的自豪和满足。毫无疑问，一只颜色鲜亮的蝴蝶结有时会促使一只脏兮兮的猫把她自己清洁得干干净净，但猫的真正荣耀还是它的漂亮胡须；胡须漂亮的话，你的猫咪就是非常健康的。

狗的虚荣心则与猫的不同。狗喜欢人类的关注。它喜欢别人跟它说话，喜欢别人叫它的昵称。它对声音做出反应，从而从虚荣中获得自信。它的虚荣心具体表现如下：就我拥有的一只哈巴狗而言，他脖子上扎着一个蓝色的大蝴蝶结的时候，就会骄傲地喘着气，沾沾自喜，而如果换成粉红色的蝴蝶结，他就会皱着眉头，打着喷嚏，闷闷不乐地吐着舌头，慢慢地拖着步子走。这究竟是为什么，我不得而知。但我们家的哈巴狗对自己的背影和卷翘的尾巴很是得意，因为他总是背过身子，回过头来望着家里来的客人们。他在街上会尾随着某个人，然后超过他，如果他不喜欢那个人的样貌，就会在一抬头看到他时候，马上垂下头，打喷嚏，然后走掉；而如果那个人的样貌让他满意，他就会走在那个人的前面，似乎是想让人们认为身后就是他的主人。他总是喜欢男性打着红色或橙色的领带，因为他认为那是别人身上绅士风度的徽章。他喜爱的女性则都是大嗓门、口齿伶俐的。这是他的偏爱！

我养的一只日本猎犬非常喜欢帽子；如果帽子系在他的头上，他就会在家里的每个房间里炫耀自己，寻求每个家庭成员对他的各种赞美。

他对自己的眼睛很是自负，通过恳切地睁大双眼，直到眼睛又大又圆，以此获得他想要的东西。他对待送奶工或是当他想要获得关注和注意时，尤为如此。有一次，送奶工说："哎哟，瞧他那双眼睛！"从那时起，这双"眼睛"就成功催眠了送奶工，对其他人缺斤少两，好让他可以将一些牛奶送给这双让人无法抗拒的"眼睛"的拥有者。

然而，要说谁虚荣心最强，非金吉拉波斯猫莫属。这只猫坐在砖头门柱上，向路过的陌生人喵喵叫，希望引起他们的注意，人们说他的好话，他怎么也听不够。

蝴蝶结是一种真正的华而不实的东西

我拥有的一只日本猎犬非常喜欢帽子

如果换成粉红色的蝴蝶结，他就会呜咽着，闷闷不乐地吐舌头

关于猫咪的习作
选自路易斯·韦恩的速写本

壁炉前地毯上睡得舒舒服服的猫

在这幅图里,你可以看到猫咪不同寻常的睡姿

呼吸新鲜空气,再打个盹儿

"我听说当季流行将耳朵竖起来。"

"谁说有老鼠的?"

"请原谅我匆匆离开。我和隔壁的狗真的处不来。"

"谁能帮帮我?"

"抱歉!并没有想冒犯你的意思。"

"我觉得这个金丝雀不该烧得这么老。这可不大符合我的口味。"

准备干一架

"接招!"

计算损失!

"一个由猫咪组成的社会"：
《路易斯·韦恩年刊》的世界，1901—1921

年刊收集了一些知名和不知名人物所写的短篇小说和散文，其中知名人物包括威廉·英格拉姆爵士（《伦敦新闻画报》的经营者，也是韦恩的第一位资助者），所有这些文章都挤在丰富而又杂乱的特色画作之间。转瞬即逝的思想的天真烂漫与简单怪诞的魅力相结合，正是韦恩的精髓所在。相当于学院杂志遇上了《宠物角》。在韦恩笔下的猫世界里，人类披着猫咪的外衣，不太关心狗狗、安逸生活和鱼的价格，更多关注的是爱德华时代英国的时尚与流行。猫咪们盛装打扮去跳舞、就餐、炫耀自己的时尚做派、参加体育运动、演奏音乐、做违法乱纪的事、和家人争吵、表达强烈的政治观点。确实，所有这些都有点离经叛道，

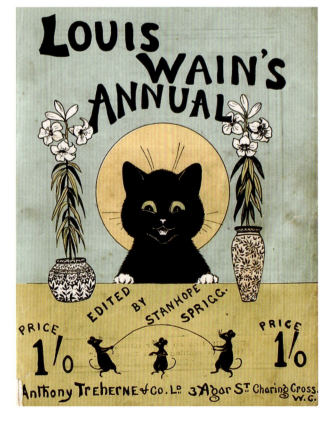

有点愚蠢鲁莽。不过，当社会动乱以搞笑幽默的方式从小孩或动物嘴里呈现的时候，那时的英国民众们更容易借此予以自嘲。

1901年至1915年期间，六家不同的出版商尝试了这种颇具难度的年刊模式，其中尽人皆知的约翰·F.肖公司（John F. Shaw & Co.）参与了第14期年刊的出版工作。从1915年到1921年最后一期年刊为止，中间间隔了六年没有任何年刊发行。这些年，韦恩曾达到事业的巅峰，同时期其数百本著作和明信片得以出版，但这也标志着其事业的分水岭。当他勉强撑到战争爆发的时候，他难以相处的性格以及精神状态进一步阻碍了他本就不顺的事业的发展，他慢慢地从对现实的自信滑向无力的精神失常之中。

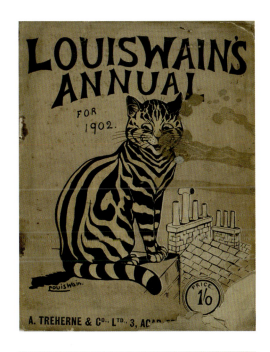
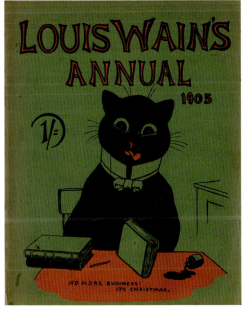
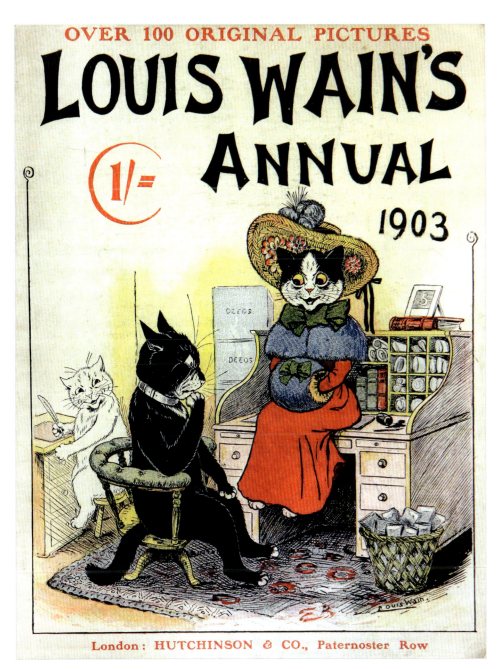

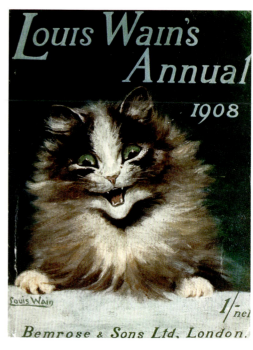
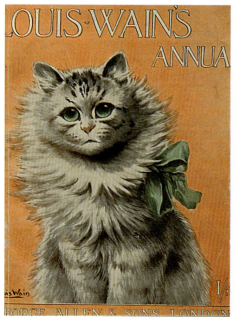
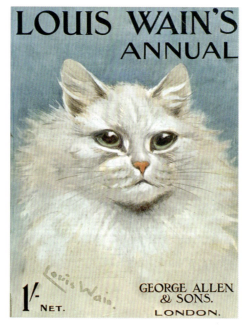

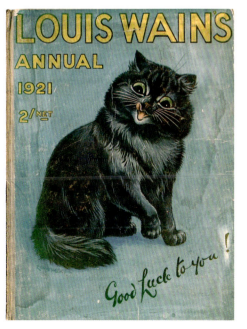

路易斯·韦恩的音乐生活

在韦恩作为插画师的职业生涯中,无论哪个阶段,音乐主题都能引发有趣的共鸣。我们知道,他弹奏过钢琴,拉过小提琴,并自认为有作曲方面的才能。1899年,在其自传的一个选段中,他回忆起所接受过的教育:

"我接触了不少音乐人士,坚定了未来从事音乐事业的决心。音乐大师们性情随和,在我工作遇到困难时帮助我渡过难关,而且我所在的环境也让我有机会创作大量的作品,其中包括一部完全由合唱、四重唱和二重唱组成的歌剧。"

韦恩与过去以及现在的许多业余音乐家一样,一直渴望在专业舞台上表演,并得到艺术同行的认可。

1925年,微图画家阿尔弗雷德·普拉加写下了他与韦恩在20世纪末的放荡不羁的日子里一起度过的许多个夜晚:

"我记得和路易斯初次见面是在菲尔·梅的工作室,当时我的工作室位于荷兰公园路,就在菲尔·梅的工作室隔壁。每到星期天晚上,菲尔·梅的工作室摇身一变,成为伦敦所有艺术家和记者的'麦加(圣地)'。

当我妻子还在世的时候,我们总是每月举办一次音乐聚会。路易斯·韦恩是我工作室的常客。他热爱音乐(高雅音乐和古典音乐),能用钢琴即兴演奏最为奇异的和声。据他所说,他已经创作了不止一部歌剧,希望有一天能见证这些歌剧被制作出来。"

威廉·英格拉姆爵士的儿子科林伍德·英格拉姆,在年轻的

上图：《猫咪尖声怪叫》

100 页图：《屋顶派对》

时候就与韦恩结为好友。他后来跟罗德尼·戴尔说起下面这段话，重温了韦恩的许多古怪之处：

  他在音乐方面的兴趣？对了，他曾经很擅长钢琴即兴演奏，以一种忽快忽慢、紧张不安的方式演奏奇怪的旋律——我称之为"激情"演奏。他还经常以同样的方式即兴创作既狂野又奇妙的独舞。

  韦恩每周日晚在菲尔·梅的工作室参加热闹的音乐活动，其余时间在家与多才多艺的妹妹们合奏优雅的音乐。也许正因如此，他一直保持着手指的灵活。不过，他还是最享受在绘画作品中通过猫咪演绎各式各样的音乐作品，比如说，野猫屋顶聚会（现实中确实可能发生）尖声怪叫配合大型喧闹乐队演出，以及作曲家志得意满、享受众人追捧的名场面（见第 47 页）。

左图:《钢琴前的猫》

103 页图:《弹钢琴的猫》

104 页右上图:《斯卡斯❶先生唱着最新的流行民谣,房间里的猫咪们都是来唱这首歌的》

104 页右下图:《上次订婚时的录音》
发表于 1909—1910 年度的《路易斯·韦恩年刊》

❶ 斯卡斯先生(Scars)同时也指大煞风景的人。——译者注

105 页顺时针从左上起：

《小提琴家》

《猫城音乐》（收录于塔克爸爸的"奇迹系列"图书）
伦敦：拉斐尔·塔克父子公司（Raphael Tuck & Sons），大约 1920 年出版发行，封面

《我希望我是一只鸟儿，这样就可以飞到你的身旁……》

《（猫太太）真是活该！猫先生。你就不该昨晚立在瓷砖上 ❶ 用颤音唱那个高音的》

《钢琴师》

❶ 一语双关，同时暗指猫先生昨晚花天酒地。——译者注

上图:《乡村乐队》

左图:《乐队继续演奏》

路易斯·韦恩对法律和秩序的看法

韦恩对法律与秩序的看法，正如所能预料到的那样，是过于简单化的。他总是将它们视作一个法庭，法律程序和制裁的固定模式在这里以严酷的现实呈现出来。秩序森严的法庭被言辞激烈的律师和无法逃避的惩戒所占据。原告获得胜诉、正义得到伸张并不能使他满意，因为在他的法庭上，那只不过是事物自然秩序的终点。同往常一样，韦恩的作品中拟人化的动物们更加尖锐地突显了法庭的冷酷无情；那是一个腥牙血爪的维多利亚时代的社会。如果说其中有什么幽默之处，那就体现在韦恩笔下城市生活中的工作和娱乐。这是吉尔伯特和沙利文（Gilbert and Sullivan）❶在独幕歌剧《陪审员的判决》❷和歌曲《可可的小名单》（*Ko Ko's "little list"*）中所描绘的世界。

据了解，韦恩与法律的唯一一次正面交锋发生在1907年，大概是有人因债款问题对他提起了诉讼，他以败诉告终。可能正因如此，他当年穷困潦倒，不久便骤然离开英国，前往美国为伦道夫·赫斯特报社工作。

---

❶ 吉尔伯特与沙利文（Gilbert and Sullivan）指维多利亚时代幽默剧作家威廉·施文克·吉尔伯特（William Schwenck Gilbert）与英国作曲家阿瑟·沙利文（Arthur Sullivan）的合作。从1871年到1896年长达二十五年的合作中，他们共同创作了14部喜剧，其中最著名的为《皮纳福号军舰》（*H.M.S. Pinafore*）、《彭赞斯的海盗》（*The Pirates of Penzance*）和《日本天皇》（*The Mikado*）。——译者注

❷ 《陪审团的判决》讲述的是"违背婚姻诺言"的诉讼进入到司法系统需要法官来判决的故事，具有很强的讽刺性。其作为第一个萨瓦歌剧，标志着吉尔伯特和沙利文合作的重要历史时刻开启，两人在维多利亚戏剧时期共创了辉煌的"G&S"创作生涯。——译者注

右图:《出庭律师》

110 页图：《然后是法官……》❶

右图：《出庭律师的辩护状》

❶ 选自莎士比亚的《人生七幕》中的台词。——译者注

上图：《事实运作中的法律》

113 页图：《验尸法庭》

路易斯·韦恩的政见

路易斯·韦恩和他笔下的猫皆为政治动物，言论大胆，观点强硬。《路易斯·韦恩年刊》的内容天马行空，显然摆脱了编辑的约束。韦恩在年刊中发布"街头演说"，吐露了部分观点。确实，其关于猫的漫画与"演说者之角"有着异曲同工之妙：观念怪诞，既笼统又晦涩，相互交融，说服力强，人人看得津津有味，但谁也搞不懂他究竟想表达什么。

他的漫画似乎用令人困惑且相互矛盾的说明文字掩饰了自己的观点，但是他在写给杂志社和报社的信件中却又清楚地表达了乐观的看法。从中可以了解到，他既是资本主义者、反对独立者，又是信仰自由贸易的殖民主义者。尽管他在评论中表达了这些观点，但是他的政治漫画更多的是图片记事，讽刺意味较少，最多捎带些反讽。

右图：《我的初次演讲》

右图:《第一项和平条约及其为何不是最后一项和平条约的原因》

这幅钢笔画发表于1905年的《路易斯·韦恩年刊》。图中右下角可以看到一只"条纹猫",这只猫护着受伤的斗部,这是他独一无二的"条纹猫"风格的早期作品。虽然1904年(英法两国)友好协议刚签署完毕,但是图中的情绪昭示着一种诡异、悲观的预言。

左图：《你来带头，我们支持你！T.P. 奥康纳（T.P. O'Connor）致 A. 比勒尔（Augustine Birrell）："挑选你的大棒，成为我们的一员。"》这幅钢笔画发表于 1907 年的《路易斯·韦恩年刊》。

托马斯·鲍尔·奥康纳是一位颇具影响力的爱尔兰民族主义政治家，也是一名受人尊敬的新闻工作者。自 1885 年以后，他一直担任利物浦市议员直至 1929 年去世。奥古斯丁·比勒尔自 1907 年 1 月起至 1916 年辞职为止，一直担任爱尔兰布政司。上述时间段是英国－爱尔兰政治复杂而又分裂的时期。韦恩引发了人们对每一个具有疑点的异议的关注。图中左边的猫手里拿着地方自治的大棒，象征着试图通过爱尔兰议会法案，而他的手臂下又夹着爱尔兰地区可恶又残酷的最大的地主克兰里卡德勋爵的大棒。在这幅画作发表的同一时期，比勒尔许诺了一项法案，将老朽的、不称职的在外地主依法赶出他们的土地或房屋。稍后，T.P. 奥康纳评论了约翰·洛克菲勒（John D. Rockfeller）所著的《人物与事件的随想回忆录》（*Random Reminiscences of Men and Events*），将洛克菲勒与克兰里卡德勋爵相提并论，认为他毫无廉耻。该评论广为人知。

右图：《砰的一声关上门》

这幅钢笔画发表于1907年的《路易斯·韦恩午刊》，指出了澳大利亚时任总理阿尔弗雷德·迪肯（Alfred Deakin）所谓的"对自由贸易的迷恋"的长期问题。当时阿斯奎斯政府（英国政府）强烈支持自由贸易，拒绝关税改革。根据关税改革，需要对大英帝国享受贸易优惠的进口商品征收关税。

上图:《社会主义人士对"在世界范围内崛起"的想法》

这幅钢笔画发表于1906年的《路易斯·韦恩年刊》,一开始被命名为"靴子"。前后两个标题都集中体现出这位艺术家经常表达的对"社会主义"的对抗情绪。

上图:《地方自治及其后果——雷德蒙德先生做了一场关于谋求官职者的噩梦》

这幅钢笔画发表于1914年的《路易斯·韦恩年刊》。
自由党首相赫伯特·阿斯奎斯(Herbert Asquith)一直支持爱尔兰自治。自1912年以后,第三项自治法案一直处于讨论之中。爱尔兰民族主义议员和自治党领袖准备妥协,这样阿尔斯特省依旧为统一派(主张北爱尔兰继续为英国的一部分),以换取地方的权力下放。当时爱尔兰可能发生内战,第一次世界大战又突然来袭,使得该法案的颁布不了了之。1916年的复活节起义之后被证明是一场更可怕的噩梦。

右图:《保险法案》

劳合·乔治先生:"您觉得新西装怎样?"
劳工:"好是好,可就是有点不合身。"
劳合·乔治先生:"没事啦,洗过一两次就会缩水的!"

这幅钢笔画发表于 1913 年的《路易斯·韦恩年刊》,暗示了一些政治事件,或许轻描淡写地谴责了当时阿斯奎斯自由党政府的财政大臣大卫·劳合·乔治。1912 年夏天,劳合·乔治购买马可尼公司的股票时从内幕交易中获益,之后签订了利润丰厚的政府合同。他作为财政大臣,在国民保险法案中的社会改革包含健康和失业保险计划。韦恩本能地厌恶社会主义理想,可能对此并不赞成。但是在 1910 年前的三年间,他目睹了美国资本主义的猖獗、冷酷无情,由此产生了对劳工矛盾的同情情绪。

量体裁衣可视为卡通隐喻,反映了当时盛行的反犹太主义观念,也表明了某个胜诉诽谤案件的主体;时任司法部部长鲁弗斯·艾萨克斯爵士与戈弗雷·艾萨克斯是兄弟关系,而戈弗雷担任的正是马可尼公司的常务董事。

路易斯·韦恩的运动生活

路易斯·韦恩的出版作品中有许多运动猫的形象，反映了爱德华时代中产阶级休闲运动和有组织竞赛进入新时代，当然也反映了他本人对户外活动的偏爱。我们知道他在体育方面很用心：他曾经师从拳击冠军杰姆·梅斯学习拳击，在马盖特游泳和划船，盛装出席滨海韦斯特盖特网球俱乐部的活动，而且正如《闲人》杂志（见第65页）所透露的那样，他经常从马盖特车站一路慢跑三英里回家。

路易斯·韦恩将绘画场景设定在运动场并不主要是为了宣扬对胜利的崇拜或渲染科林斯式（业余运动员）的成功，而更多是为了展现他笔下的猫在热爱的场地里急于夺取胜利，孤注一掷，可惜功亏一篑，最后受伤的搞笑场景。

左图：《保龄球比赛》

左上图:《谁要打网球?》

右上图:《赛马骑师》

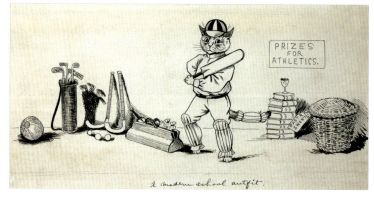

122 页左上：《足球比赛之后：你这回不走运，但是好时机就要来了》

左下：《"喂，板球可不是这么打的！"》

右上：《猫咪击剑》

右下：《运动员：现代学校的全套装备》

123 页图：《运动会的准备工作》

124 页左上：《玩球》

左下：《斯诺克》

右上：《B. 小本杰明自娱自乐地玩球：他扔球，他接球，不让球落下》

右下：《台球》

125页左上:《发球》

左下:《果岭》

右上:《近距离切球》

右下:《推球入洞》

126 页左上:《在薄冰上滑冰》

左下:《钓到啦》

右上:《猫咪的划船比赛》

右下:《纸牌玩家》

127 页图:《猫咪的桥牌俱乐部》

时髦的路易斯·韦恩

在《路易斯·韦恩年刊》中，可以看到时尚杂志的早期雏形，高端时尚与平民时尚悉数亮相。年刊以一种轻松愉快的态度对待爱德华时代的炫耀性消费，展现了一个娱乐至上的社会，一个平静悠然、能够容忍他人对其虚荣心和大胆着装略加嘲讽的社会，通常以婚姻关系的形式予以呈现，轻松愉快的戏谑搭配如下场景：为了迎接彻夜狂欢而盛装打扮，或彻夜狂欢后受到训斥责骂。

上图："约翰，你用我的口红干吗？"
他（匆忙地）说："我在为提线木偶的角色上妆嘛！"
发表于 1901—1910 年度的《路易斯·韦恩年刊》

上图：《去度蜜月咯》

右图：《文雅的妻子》

"'桥牌'聚会并没有要解散的迹象；我的骑士（Jack）一定快赢了。"

发表于 1907 年的《路易斯·韦恩年刊》

What do you think of my bargain? 5¾ a yard!

131页左上:《男人和他的"一家之主"》

她:"好漂亮的小姑娘啊!"

他:"就像镜子里的那位,对吧?"

发表于1903年的《路易斯·韦恩年刊》

右上:《娇美的女士,如果让我加入你们,我就会赔偿你所有的损失》

130页图:《你觉得我最近淘来的便宜货怎么样?只要5¾一码!》

发表于1915年的《路易斯·韦恩年刊》

132 页左上:《哇!多可爱的黑发女郎。是啊,大家几乎都认不出她来了,她过去可一直是金发女郎呀!》

右上:《你瞧!你还见过哪个女孩能制作出比这件更棒的作品吗?》
发表于 1915 年的《路易斯·韦恩年刊》

133 页左下：《哎呀，这把伞太时髦了，我可不能打开它，否则就破坏它的外形了》
发表于 1915 年的《路易斯·韦恩年刊》

右下：

他：我昨天去动物园了。

她：啊呀！我昨天也去那儿找你了。你当时关在哪个笼子里？

左图：《天哪》

朋友："很像你呢，当然画得真是不好看。"

发表于1915年的《路易斯·韦恩年刊》

右图：

妈妈："你这学期过得怎么样，汤米？"

男孩："噢，挺好的！我打败了所有的大男孩，还让他们得了麻疹呢。"

发表于1915年的《路易斯·韦恩年刊》

与路易斯·韦恩一同用餐

路易斯·韦恩在他的年刊中透露出对美食笑话的偏爱,尤其偏爱家庭幽默。在这些情境里,丈夫与妻子之间的争吵多了一份欢乐的色彩。当他将绘画场景搬离厨房,进入猜忌和不幸的世界(到餐厅正式用餐)的时候,悲观而又滑稽的气氛愈发浓烈。服务员和消费者在这里针锋相对,最终受害的还是用餐者。在这样的一个世界里,不称职的厨师被塑造成毒贩的形象,自命不凡、充满敌意的服务员端出千奇百怪的(通常是法国的)菜肴——五香老鼠、麻雀馅饼和鸽配土司——总没什么好事儿。

右图:《服务员》

137 页:顺时针从左上起:

《这不是牛奶!》

《老鼠派!》

《这只老鼠味道不行!》

《麻烦快点上那道菜吧,不然老鼠关节要脱位了》

《说呀,沙丁鱼,你倒是说话呀!》

食客:这就是你刚刚端给我的法国沙丁鱼吗?

爱尔兰服务员:现在可说不准,因为咱们之前开箱的时候,它们就死翘翘了,也没法问它们是不是来自法国的。

发表于 1915 年的《路易斯·韦恩年刊》

137

与路易斯·韦恩一同感受疾病与健康

在路易斯·韦恩精神状态崩溃、被关到精神病院之前,他一直精力充沛、身体健康且热爱运动健身,几乎不需要去医院。理所当然地,他的插图作品体现了一种轻视医疗的态度,笔下的医生都是负面或者让人无法信任的形象。猫咪的疾病和性放纵让人自然而然地联想到人类世界的问题。在一个广泛存在性交易以及孤儿遗弃的时代,这似乎非常贴切地表达了韦恩对普世虚伪现象的质疑,具有讽刺意味。

138 页图:《我听说假期你是和朋友们一起度过的》

139 页图:《去看医生》

141 页左上:《庸医》

"这瓶药水对于抓痕和瘀伤有积极的疗效。无论是打斗后的毛皮损伤,还是其他各种损伤,一搽就好。"

发表于 1905 年的《路易斯·韦恩年刊》

右上:《你是我们的爸爸吗?》

左图:

"只要把这个一点点地和芥末胡椒盐以及色素混在一起,跟他说这是罐炖野味,他就会吞下去的。"

140 页图:《猫难》(取谐音,意指磨难)

来自路易斯·韦恩的一张明信片

一谈到明信片中的图画，就会联想起路易斯·韦恩。两者之间的密切关联绝非偶然。韦恩的成名之路恰好与1900—1915年明信片盛行的时代相重合。公众正是通过这种媒介认可他，将他永远留存在通俗文化的集体记忆里。百余家出版商将他的1100张图片以数百万套明信片套装的形式发行，遍布欧洲和其他英语世界。

相较于他的印刷图画，尤其是《路易斯·韦恩年刊》中展现的风趣主题所精心构建的"猫世界"，韦恩明信片中的幽默感更为凝练。最为成功的明信片套装中有一部分是以情景喜剧为特色的。

不过，正是在这种凝练的幽默图片中，他能展现出最潇洒、最令人难忘的猫咪形象。很多明信片中的主角是一只嘻嘻哈哈、爱开玩笑的猫咪，他是动物世界的喜剧明星（见对页），相当于人类社会的"花花公子"，他的创作原型是菲尔·梅（1864—1903），一位口碑不佳，却主宰19世纪90年代波西米亚艺术世界的天才。路易斯·韦恩在这套作品中没投入多少时间便再现了这种典型的衣冠楚楚的城市猫形象，身边从不缺乏佳人做伴，妙语连珠，爱抽雪茄，有时甚至还会多喝上几杯。

这只浪荡猫在禁忌活动的边缘疯狂试探，并以此为乐。正是因为在压抑的社会里，用言语表达出这类内容将会有失礼节，所以通过邮寄明信片来传递内心想法非常受欢迎。韦恩又创造了一系列处于社会可接受边缘的猫咪形象，增添了欢乐的氛围。这些猫一般在年刊中首次亮相，接下来在明信片中"客串表演"。韦恩在明信片中展示了各种典型的猫咪形象：醉酒者、骗子、投机分子和庸医，赢得了广泛的赞誉。这些明信片也展现了蠢笨的肇事者自食其果，陷入了自己制造的越来越大的麻烦中。这可谓"劳莱和哈台"（美国早期影片中最受欢迎的滑稽片搭档）以及《基斯通警察》（早期搞笑喜剧）的猫之国版本。明信片里还能感受到对他人婚姻不稳定幸灾乐祸的态度。对于一个仅有短暂婚姻、而后被令人窒息的兄妹关系所束缚的人而言，他通过家庭素材展现出来的幽默具有洞察力，呈现了夫妻之间互不理解、关系紧张或者小打小闹的场景，猫咪们滑稽地模拟出所谓"幸福婚姻"背后的苦恼：迟迟不归的酒鬼、妻管严的丈夫、挥霍无度的妻子以及育儿杂务。

韦恩的书籍、年刊和系列印刷品中的许多原型或试验性作品之后又出现在更为轻便易携带的明信片中。相较于其他类型的作品，这些简明扼要的配图文字或令人眼前一亮的独特图像或许是路易斯·韦恩建立名声，并促使他在爱德华时代家喻户晓的主要原因。尽管当时的明信片产量数以百万计，但在韦恩过气后仍有非常多的作品留存了下来，令后世一代又一代的收藏家着迷。这些收藏家的参考"圣经"大概是一本由两位美国明信片爱好者辛西娅·德鲁里欧和艾尔莎·罗斯于1985年出版的平装书《尤其是猫，路易斯·韦恩的幽默明信片》。这本书的编排方式很棒，包含了所有引人入胜的细节内容和观点，只有真正的爱好者才能写得出来。

他们对一种特定的明信片类型——吉祥物猫——大加赞赏，我们也能很容易地感同身受。在这种类型的明信片中，大部分猫，偶尔也有一些狗，进化成一种蹲着的、有棱有角的、几乎是立方体的形状，这种可喜的形态转变似乎为韦恩猫类型提供了另一种丰富的表现形式。1931年拉斐尔·塔克出版的最后一套著名明信片系列中的吉祥物动物都有先例可循。早在1903年的《路易斯·韦恩年刊》中，猫以"微生物"的形态出现（见第145页）。同一时期，马克斯·埃特林格公司出版了一套六张的明信片，每张明信片上印着三只矮胖猫。1908年，菲尔科出版公司推出另一套同样风格的"运动猫三兄弟"系列的时候，这种造型便固定了下来（见第146页）。

左图：《董事长的雪茄》

右图:《更多的猫型微生物》
发表于 1903 年的《路易斯·韦恩年刊》

一根钩子可以钓到一条大鱼,
一个眼神可以产生欲望,
一点小念头可以突破天际,
一枚针可以让人火辣辣地疼,
微生物是一种东西,仅是一小点,
就像投币口那么微小,
极小的东西,却是无冕之王,
猫就像微生物一样,不是吗?

MORE CAT MICROBES.

A hook can land a big fish,
A look may engender desire,
A small thought may rise as big as the skies,
A pin put a man on fire.
A microbe's a thing, a mere dot,
A sort of small penny-in-the-slot,
A little wee thing, kind of uncrowned king;
The cat's like the microbe, is he not?

L. W.

146 页上图：《我们打算放弃这个项目，去参加打油诗比赛》（德鲁里欧和罗斯 ❶，第 107 页）

这张明信片的超现实主义标题让人感觉并不像是路易斯·韦恩的风格，但这种对体育世界的乐观看法符合他对危险和伤害的一贯态度。

下图：《剧场后门追捧女演员的纨绔子弟》

随着韦恩在绘制的社会场景中更多地使用吉祥物猫，矮胖的吉祥物猫的形象愈发精致。从这件遗留在他住所的精彩画作中可见一斑。

---

❶ 选自美国明信片爱好者辛西娅·德鲁里欧和艾尔莎·罗斯于 1985 年出版的平装书《尤其是猫，路易斯·韦恩的幽默明信片》。——译者注

148 页顺时针从左上起：

《快乐小猫》
这是矮胖吉祥物猫的原型。

《穿着硬领衣服的猫》
初始形态的猫站立起来且穿着衣服；进化完成了。

《虚荣心作祟，反倒失去机会》
韦恩添加了一个与画作相配，既牵强又古怪的标题。

《新来的女佣》
在猫之国，料理家务绝非易事。

149 页左上：《跳绳吉祥物》

右上：《心满意足的吉祥物》

左图：《猎人的吉祥物》

本页中三张惹人喜爱又搞笑的图画是韦恩为拉斐尔·塔克父子公司创作的，大约 1931 年起，该公司将这些作品制作成四个系列的明信片出版发行。

150 页左上：《条纹猫合唱团》

右上：《夜晚的女主角》

150 页下图：《条纹猫》

条纹猫与吉祥物猫一样，有着纯正的韦恩式"血统"，反复无常，兴高采烈，是韦恩创新天赋的产物。它们在韦恩年刊中首次出现，后来进一步完善，在 1916 年拉斐尔·塔克推出的"上前线的条纹猫"系列以及 1916 年所罗门兄弟推出的明信片系列中担任主角，其中参加第一次世界大战的爱国士兵猫身上的条纹是从英国国旗图案演变而来的。

151页上图:《婚姻中的意见分歧》

这是1908年J. 比格斯公司（J. Beagles & Co.）出版的明信片设计作品，收录于"猫咪夫妇"系列作品之中，标题蕴含了永恒的真理:《我爱你》《丑闻》《和事佬》《拌嘴与和解》。

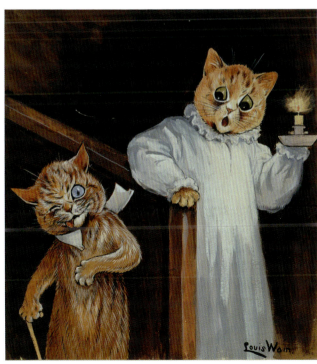

151页左下:《醉得七歪八倒》又名《还是那只猫》

这只1908年《路易斯·韦恩年刊》中的嬉皮笑脸的恶棍猫在书籍和明信片系列中反复出现，区别仅在于喝醉酒的状态以及标题的不同，例如《谁说……说我在走……走猫步？》（瓦伦丁父子公司出版）以及《这不是牛奶！》（J. 比格斯公司出版）。

右下:《这都什么时候啦？亲我想我的时候，亲爱的》

152 页上图:《最初是婴孩,在保姆的怀中啼哭呕吐》又名《周六晚上》

下图:《然后是情人,像炉灶一样叹着气,写了一首悲哀的诗歌咏着他恋人的眉毛》
这两幅图与第 100 页的《夜袭》都包含在以莎士比亚的《皆大欢喜》中杰奎斯的著名演讲为蓝本而设计的《人生七幕》系列明信片中。

153 页上图:《排队等候》

这是一张大约 1908 年为瓦伦丁父子公司设计的明信片,收录在《海边活动》系列,未编号(h)。体现爱德华时代大众因乘火车去海边旅行而获得新自由的明信片一直都很受欢迎,正如这两幅设计作品以及本书护封处的图画所展现的那样,韦恩为其增添了一贯的狂热兴奋、熙熙攘攘的氛围。

下图:《火车站,度假去咯》

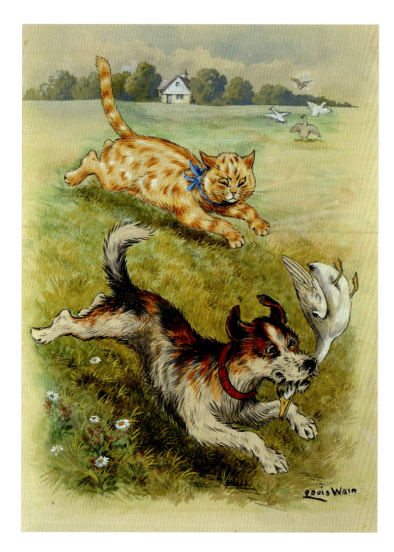

154 页左上图:《悲哀的故事》

选自拉斐尔·塔克 1920 年出版的《托儿所》系列作品。

右上图:《逃走的那只》

猫咪作为失败的猎手这样的主题在韦恩的作品中经常出现,有着各种不同的版本,例如标题为《逃走的那只》《你这只顽皮鸟》或者最为诙谐幽默的《医生说过我不能动》的画作。在《医生说过我不能动》这幅画中,猫咪因为牙疼而需要卧床休息,一只鲁莽放肆的小鸟与其对峙,猫想去抓鸟但又够不着。韦恩笔下的暴力共生的情景喜剧要比《猫和老鼠》(*Tom and Jerry*)动画片早好多年。

155 页顺时针从左上起:

不过,所有明信片系列中最受大众喜爱的都是漂亮的猫:肖像画猫、英俊的猫、挑逗的猫、虚荣的猫、社交的猫、三猫一组的猫们普遍受欢迎,单只猫的每一幅都很受追捧。

《三猫做伴》

《三猫成群》

《姜黄色的雄猫》

《艺伎猫》

路易斯·韦恩的晚期作品

"有的人哪怕精神失常、身患疾病也热爱自然,这些人就是画家。"

——文森特·梵高

这一系列非凡的图像,结构复杂,却让人一见倾心,属于路易斯·韦恩的晚期作品。创作这些作品的时候,他住在精神病院,基本上摆脱了商业压力。我相信,不仅仅可以从图像中所展现的活力以及强烈情感的角度来看待这些作品,同时还可以单纯欣赏这些作品,从中获得快乐。确实,哪怕一天欣赏三遍,也不用担心精神出问题。他的作品可以仅仅从美学角度来评判,而不用将其视作一种内心情感和扭曲看法的表现形式(内心感知障碍以图像形式表达)来分析。在炎炎夏日里吃冰激凌,没有人会因为发现冰激凌里面的添加剂而变得更加快乐。

目前,关于精神分裂症艺术的很多评论都只是猜测,并不适用于韦恩的情况,甚至完全是错误的。贝特莱姆皇家医院的档案馆和博物馆中的古特曼－麦克雷作品集❶广受追捧。人们对该作

---

❶ 古特曼－麦克雷作品集是两位精神病学家埃里克·古特曼博士和沃尔特·麦克雷博士收集整理的有精神病史的艺术家的作品集。——译者注

品集中的精神分裂症意象过度审视,围绕这些意象精心讨论正是一种伪科学方法。韦恩从 1924 年开始到 1939 年去世的十五年期间,在艺术方面处于从容不迫的状态。精神病院给予了他许多自由,使他摆脱了各种需求、时限和债务的压力,在这里找到了真正付诸实践的东西。他的风格和内容往往与色彩和形态结合得恰到好处,作品中透露出感性的美。这些作品不需要添加任何解释性的描述,也不需要在我们所熟悉的世界里找到对应物。因此,在本书的最后一章,我们为大家呈现了一组万花筒式的色彩明快的图像,仅仅在确认艺术家当时赋予画作标题的情况下才添加标题。

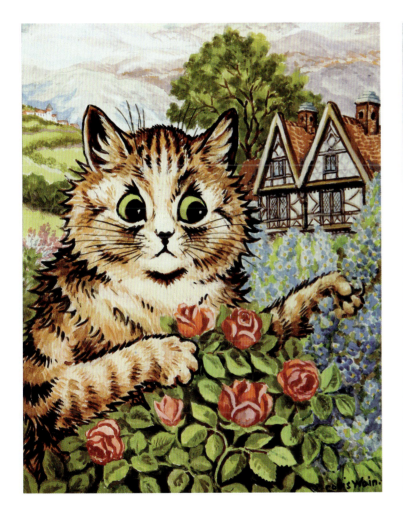 

164 页图:《芳香》

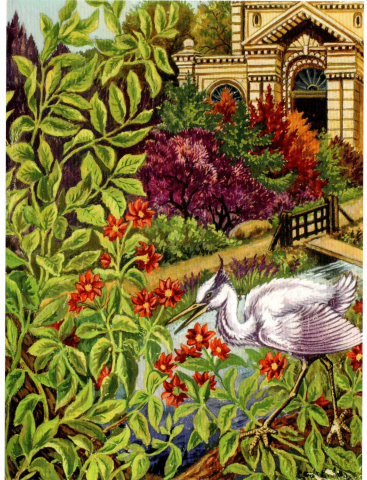

166 页右图:《自高山而来的紫色苍鹭》

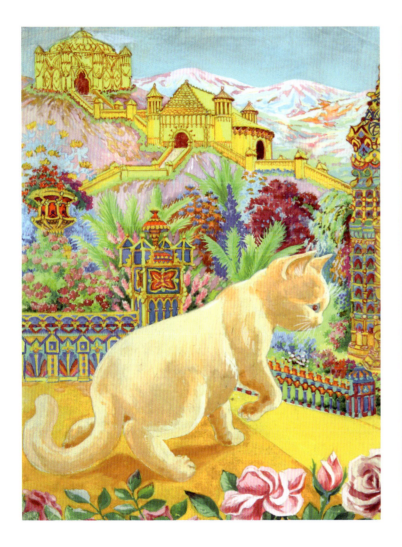
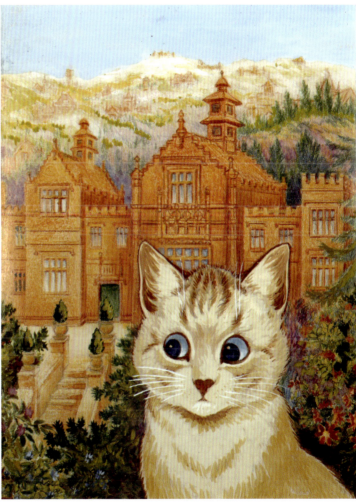

170 页右上图:《西班牙船夫》

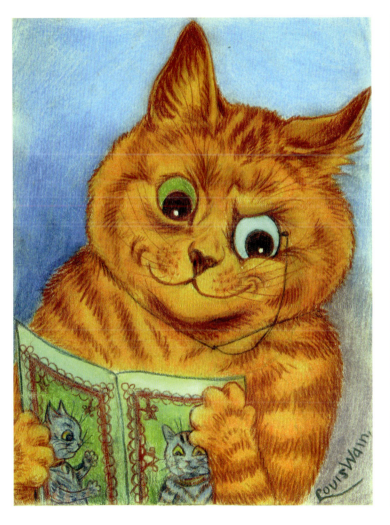

上图:《爸爸,你能让我把你的爱从我这里传递给妈妈吗?》

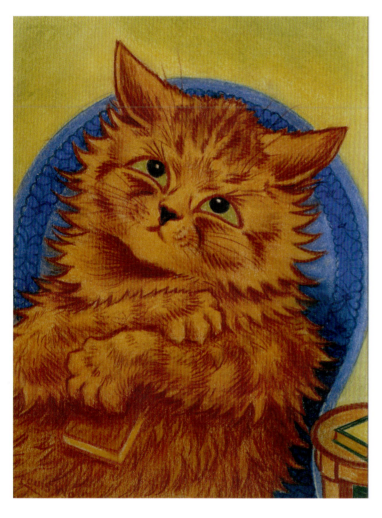

185 页最右图:《早期希腊猫》

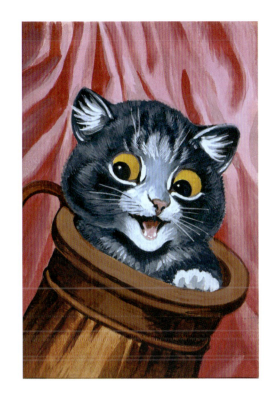

右图:《早期西班牙猫》

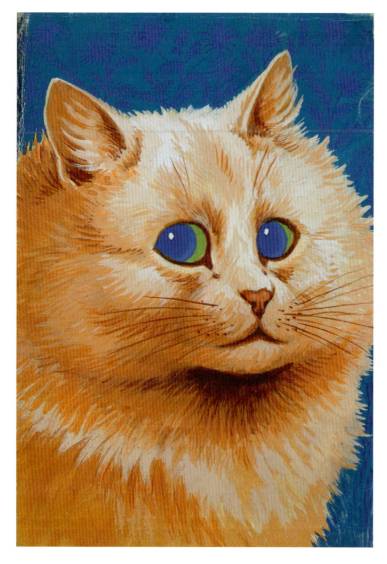 

左上：《可敬的马尔什》（MARRISH）

196 页图:《早期印度裔爱尔兰猫》

199 页右上图:《我们的娱乐明星》

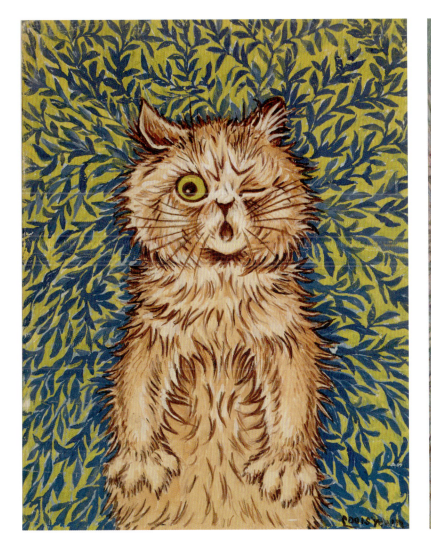

201 页右上图:《早期意大利猫》

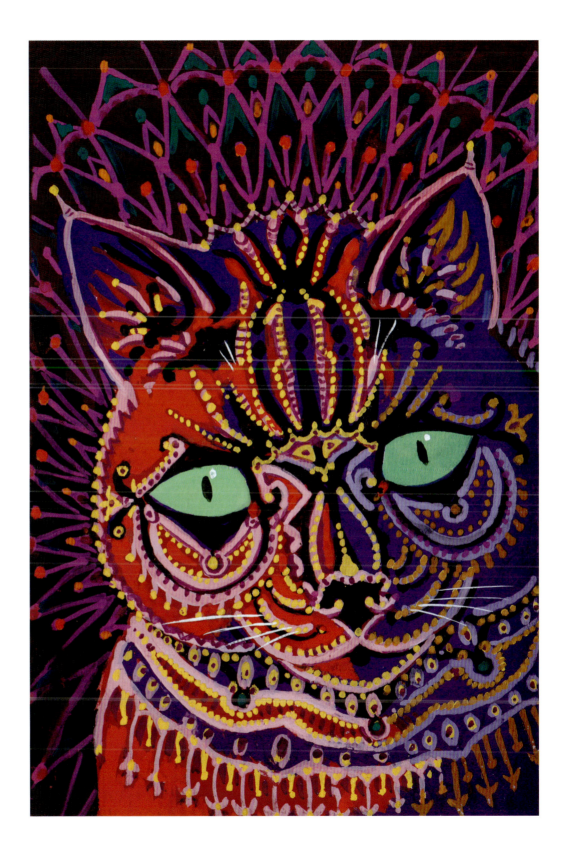

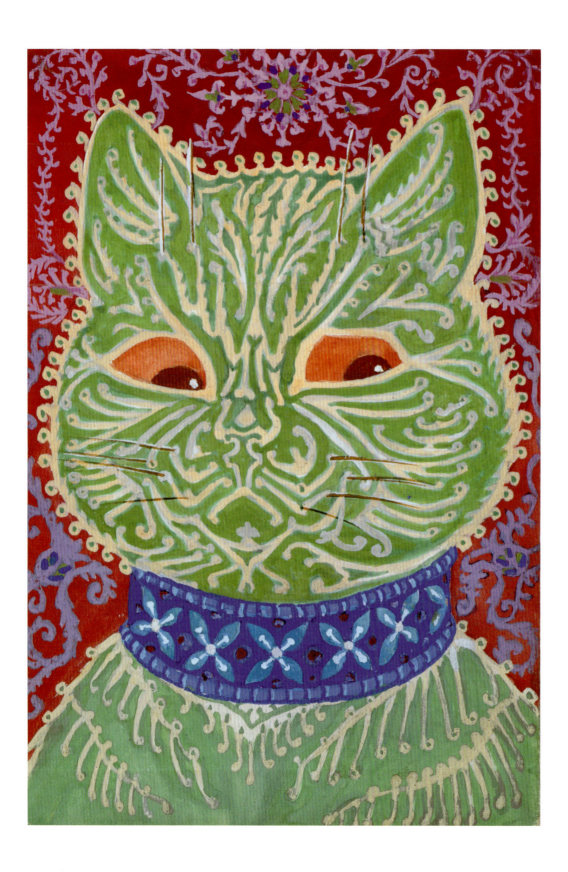

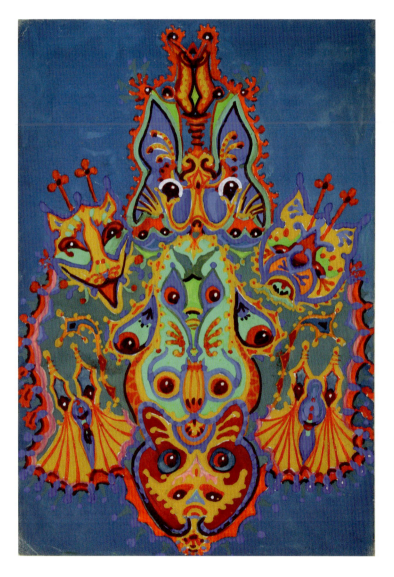

左上：《早期希腊猫》

路易斯·韦恩的幸运的未来主义吉祥物简介

戴维·伍顿

现在人们普遍认为路易斯·韦恩的作品包含了爱德华时代的流行艺术中最与众不同且经久不衰的一大成就。但是，他在1914年推出的二十个陶瓷"吉祥物"系列至今仍然是他职业生涯中最具原创性和最令人惊叹的作品之一。这不仅是因为这些陶瓷制品是他唯一付诸生产的重要立体设计作品，而且它们代表了韦恩对20世纪初前卫艺术运动的积极回应。

1910年韦恩从美国回到英国，1914年推出了陶瓷制品。在此期间，韦恩应该能看到许多具有开拓性意义的展览。其中最为突出的是萨克维尔画廊的"意大利未来派画家作品展"和格拉夫顿画廊的"第二次后印象派画展"（包括布拉克和毕加索的立体主义作品）——两者均于1912年在伦敦举办。即便他没有亲自去参观这些展览，他肯定也会关注当时期刊媒体对这些展览的报道。

目前尚不清楚这些陶瓷是韦恩主动创作的，还是马克斯·伊曼纽尔委托韦恩创作的。后者是玻璃和陶瓷进口和零售商，负责这些陶瓷的生产和推广。伊曼纽尔无疑是具有企业家精神的，但是路易斯·韦恩本人也并非没有进取心，他早期尝试为发明申请专利就是很好的证明。因此，这些陶瓷制品的出现可能是为了借用前卫艺术家的恶名，或者为了滑稽地模仿他们的风格。很多设计让人联想起立体主义的形式、野兽主义的色彩、未来主义的自信态度，甚至名气更响的日本主义❶的手法，同时又忠实于韦恩丰富的想象力。

马克斯·伊曼纽尔公司位于伦敦霍尔本附近的鞋巷41–42号。伊曼纽尔在德国巴伐利亚州的米特泰希还拥有马萨尼奇陶器厂（Mosanic Pottery）（1895—1917），并与奥匈帝国波西米亚的特普利茨（Turn-Teplitz）区域的众多厂商开展合作。合作厂商包括里斯纳、史代尔马赫和凯珀尔三人创办的双耳瓶厂【Riessner, Stellmacher & Keppel（Amphora）】，几乎可以肯定的是，在第一次世界大战前后，正是里斯纳双耳瓶厂（这家波西米亚厂商后期改成此名）生产了韦恩的大部分较大尺寸的陶瓷制品。韦恩的早期陶瓷制品上印有"奥地利帝国双耳瓶"的印章，后期陶瓷制品则印有"双耳瓶，捷克斯洛伐

---

❶ 日本主义是19世纪中叶在欧洲（主要为英国和法国等文化领导的国家）掀起的一种和风热潮，盛行了约30年之久，特别是指对日本美术的审美崇拜。——译者注

左图：未投入生产的方形水罐

克制造"的印章。这一区别表明 1918 年工厂的政治身份转变（奥匈帝国解体，捷克斯洛伐克独立），并非工厂搬迁。特普利茨小镇的捷克语名字是特普利采 - 特诺瓦尼（Teplice-Trnovany）。

韦恩与伊曼纽尔合作的其他陶瓷制品主要是小型制品，印有"英国制造"的印章，尚未得知具体在哪个工厂生产。

另一个经常出现在早期陶瓷制品上的印章是马克斯·伊曼纽尔公司的印章：三支步枪相互叠加形成一个金字塔的形状，或者一个简化的"M"，表示马克斯、马萨尼奇和/或米特泰希的首字母。

1914 年 5 月 18 日，马克斯·伊曼纽尔在专利局登记了第一

右图：未投入生产的圆形水罐

批陶瓷动物制品，登记名称为"陶瓷装饰品"。十只陶瓷动物（编号1～10）均为猫。但是，其中有一只名为"幸运路霸猫"（编号7）的陶瓷制品最初的名字是"泰迪熊"，因为确实外观上像泰迪熊玩具。当时，泰迪熊玩具也很新颖，十年前刚由布鲁克林的莫里斯·米奇顿创造出来。

1914年6月12日，马克斯·伊曼纽尔又登记了几个小尺寸的陶瓷制品（编号11～19）。其中有六只猫、两头猪（编号18～19）和一条狗（编号14）。

同日，马克斯·伊曼纽尔在他的鞋巷陈列室展出了所有的十九件设计作品，并发出邀请函，上面写着"带上你的笑容，当你看到我们的时候，好运在等着你！"《每日快报》刊登了一张照片报道此事，照片中韦恩正在绘制一块标牌，用于介绍展出的陶瓷制品。后来，艺术家路易斯·韦恩还为展览设计了一张海报（见第213页），非常乐观地写道："路易斯·韦恩的未来主义吉祥物猫、斗牛犬和猪的陶瓷制品如今销往世界各国，在英国的大牌商店均有出售。"

从下面分类描述性目录中可以看出，一些较大尺寸的陶瓷制品在制作的时候至少有五种颜色可供选择（编号8和10），《每日快报》的评论员曾热情洋溢地介绍了"黄色的猫、蓝色的猫、绿色的猫和粉红色的猫，甚至淡紫色的猫"。此外，单一设计投入生产，有时候成品会不一样。最终成品的尺寸和（漆完抛光后的）成品表面的差异表明生产中可能用到一系列不同的模具。大多数陶瓷制品印有艺术家本人的签名，有些还附上了陶瓷制品的标题。最初，所有作品可能各配备了一张印在纸上的符咒。这些符咒易破损，和陶瓷分别放置，很少有完好保存下来的。评论家表示，这些陶瓷制品"是用作吉祥物的"，不过有一些形状像花瓶，尺寸再小一点的像"（点火用的）长梗火柴"（spills）——用来点灯和点蜡烛的木棍。从大约1910年开始，韦恩就在书中介绍了这种固体形态、轮廓分明的吉祥物的概念，之后偶尔还会再提及这些吉祥物，直到1931年前后制作了一系列吉祥物主题的明信片。

英国加入第一次世界大战三个月后，即1914年11月16日，马克斯·伊曼纽尔又登记了一批韦恩的陶瓷制品，登记名称为"陶瓷烟灰缸"（编号20）。此举可能表明，尽管政治局势不稳定且没有这些制品的销售记录，但是早期的陶瓷制品取得了某种程度上的成功。

罗德尼·戴尔在他所著的书中写道，在战争期间，"一艘可能是从英国开往美国的船只'被鱼雷击中'，上面载有这些陶瓷制品货物"（戴尔，2000，第79页）。但他也承认，没有获得这艘船的任何消息。我也没有找到关于这艘船的任何消息。这个故事往往用来证明韦恩陶瓷制品有多么的稀缺，但也提醒着人们关注这些陶瓷制品的进出口情况。

第一次世界大战结束后，陶瓷制品开始恢复生产。1919年8月11日，马克斯·伊曼纽尔延期登记了大量较小尺寸的英国制造的陶瓷制品（编号11~13和15~19）。然而，根据科克·马尔切斯基[1]（Cork Marcheschi）的说法（马尔切斯基，2008，页码不详），后期陶瓷制品没有印有伊曼纽尔的三步枪印章，尽管有些制品上面有"不常见的签名印章"和标题印章（例如编号18）。据他推测，"马克斯·伊曼纽尔不是销售这些作品的代理人，或者说有些作品授权给了其他零售商"。

马尔切斯基对较大尺寸双耳瓶造型的晚期陶瓷制品的评论更耐人寻味。尽管这些陶瓷制品"通常"是白色釉面，但是有些是用"稍微不一样"的模具制作的。一些陶瓷制品被"故意遮盖"了初始制造标记，不过至少有一只猫的陶瓷制品保留着"炉边"（Fireside）的进口标记（编号1）。他认为遮盖的原因可能是"《凡尔赛条约》将奥地利排除在外"。

马尔切斯基认为，1919年风靡全球的美国卡通形象——菲利克斯猫（Felix the Cat）——是路易斯·韦恩"创作1919—1922年猫系列的动力"。然而，在众多大尺寸的白猫陶瓷制品中，仅

---

[1] 科克·马尔切斯基是一名来自加利福尼亚州的雕刻家，他于1971年开始收集路易斯·韦恩的陶瓷猫制品，其所著的《寻找路易斯·韦恩未来主义猫》（Find Luois Wain Futurist Cats）涵盖了1914—1922年路易斯·韦恩的未来主义陶瓷猫的内容。——译者注

有三只猫印有"菲利克斯"的标记（编号7、8和10）。这反倒说明上述说法只不过是另外一种营销陶瓷猫的方式。

马尔切斯基还提及了仿冒品的问题，部分是为了回应人们对大量模具、釉料和印章的疑问。英国宝龙拍卖行撤下了两件原定于2008年9月23日和24日拍卖的韦恩的陶瓷制品。这两件陶瓷制品分别是小尺寸的《幸运的未来主义猫和他的喵喵音符》（编号9）和《开心骄蛮猫》（*Happy Jappy*❶ *Cat*）（编号13）。确实，分类描述性目录中收录的《开心骄蛮猫》的彩色图片所展示的正是一件仿冒品。不过，这种特殊的陶瓷制品非常罕见，除此之外仅再出现过一次（罗德尼·戴尔1968年出版作品中第113页的一张小的黑白照片）。

分类描述性目录最后展示的一只陶瓷猫上虽然印有路易斯·韦恩的签名，但与幸运的未来主义吉祥物不同，这只陶瓷猫更像是传统的自然主义风格，圆润又"可爱"。登记人（尚未确认）是居住于伦敦泰晤士河南部皮米里科的查尔伍德街24号的西德尼·乔治·帕克－福克斯（Sidney George Parker-Fox），制造商是"英格兰皇家斯塔福德郡威尔金森陶器公司"（Royal Staffordshire Pottery Wilkinson Ltd England）。这款陶瓷猫除了领结是黄色的版本，还有领结是其他颜色（例如蓝色、绿色和红色）的版本，颜色可能是后面复绘上去的。

分类描述性目录按照时间顺序和相应的登记号列出了这些陶瓷制品。压印在陶瓷制品上或查阅到的当时官方标题用黑体字表示。其余的陶瓷制品的标题采用的是如今通用的标题，用[方括号]表示。如图所示，陶瓷制品上确切标记的内容用"双引号"❷表示。

---

❶ Jappy一般用来形容犹太裔富家小姐骄横、爱发牢骚、喜怒无常、被宠坏的特点，后来也用来形容非犹太裔的暴发户小姐。——译者注

❷ 英文原文中为单引号'single inverted commas'，中文译文根据中国人习惯改成了双引号。——译者注

参考资料

班福得 2009
2009年6月9日出现在德比郡的班福得（Bamfords）拍卖行举办的一次拍卖中

宝龙❶ 2008
2008年9月23日至24日宝龙拍卖行在一次拍卖中撤下展品

查森❷ 2009
"关于收集韦恩猫这一话题，对乔治·霍辰（George Hochen）展开的一次采访"，blogchasenantiques.com，2009年9月1日

克里斯·彼特斯有限公司
克里斯·彼特斯是路易斯·韦恩作品的主要经销商，已售出一些陶瓷制品

戴尔 1968
罗德尼·戴尔，《路易斯·韦恩：画猫的人》，伦敦：威廉·金伯有限公司出版，1968年

戴尔 2000
罗德尼·戴尔，《路易斯·韦恩：画猫的人》，伦敦：克里斯·彼特斯有限公司出版，2000年

马尔切斯基 2008
科克·马尔切斯基，《寻找路易斯·韦恩未来主义猫》，Blurb.com，2008年

马丁
特蕾西·马丁，《路易斯·韦恩和他的猫》，
www.worldcollectorsnet.com/magazine/issue46

欧米加❸
www.titusomega.com

拉戈艺术 2010
2010年4月出现在美国新泽西州兰伯特维尔的拉戈艺术拍卖会上

英国私人收藏
这是路易斯·韦恩陶瓷制品中规模最大、最全面的收藏来源之一。我们非常感谢这些作品的主人允许我们拍摄其内容并分享他们的专业知识

普劳德洛夫
克里斯托弗·普劳德洛夫（Christopher Proudlove），"路易斯·韦恩的幸运主义陶瓷猫如今受到收藏家的追捧"，writeantiques.com

---

❶ 宝龙拍卖行（Bonhams），于1793年成立，公司的拍卖总部设在伦敦新邦街（New Bond Street），是世界上历史最悠久、最成功的拍卖公司之一。——译者注

❷ 菲利普·查森古董公司（Philip Chasen Antiques, Inc.）是由收藏家菲利普·查森创办的位于美国纽约的一家古董公司，https://www.chasenantiques.com。——译者注

❸ 欧米加（Titus Omega）于1984年创立，是英国伦敦的一家古董公司，专注于1870年至1950年的装饰艺术收藏，包括装饰艺术、新艺术和工艺美术。——译者注

1.ii

路易斯·韦恩的幸运的未来主义吉祥物分类描述性目录

戴维·伍顿汇编

1. 幸运的吉祥物猫

登记人：马克斯·伊曼纽尔公司，伦敦 EC[1] 鞋巷 41—42 号，

陶瓷制造商

登记日期：1914 年 5 月 18 日

登记号：BT52/629/637127

登记名称："陶瓷装饰品"

铸件和釉面：

i. 颜色不明，并非白色（参考来源：原始登记表随附的黑白照片）

ii. 白色（细节设计处为蓝色和绿色）

1919—1922（根据马尔切斯基 2008 年的记载）

印章："双耳瓶，捷克斯洛伐克制造"；"炉边"

一些标记被故意遮盖

11 英寸高，3 ¾ 英寸宽

（参考来源：英国私人收藏）

[1] EC 表示 East Central London，伦敦东部旧城。——译者注

2. 幸运的狮身人面像猫

登记人：马克斯·伊曼纽尔公司，伦敦 EC 鞋巷 41—42 号，

陶瓷制造商

登记日期：1914 年 5 月 18 日

登记号：BT52/629/637128

登记名称："陶瓷装饰品"

铸件和釉面：

i. 红色（细节设计处为绿色）

印章："英国制造"；马克斯·伊曼纽尔（三支步枪相互叠加形成一个金字塔形状）

1.ii

2.i

绘制压印签名："路易斯·韦恩"

压印："登记号 637128"

9 ¾ 英寸高，6 英寸宽

（参考来源：英国私人收藏）

ii. 红色（细节设计处为绿色）

印章：奥地利帝国双耳瓶；马克斯·伊曼纽尔

（参考来源：马尔切斯基 2008）

iii. 紫色（细节设计处为绿色和橙色）

印章：奥地利帝国双耳瓶；马克斯·伊曼纽尔

压印标题："幸运的狮身人面像猫"

（参考来源：欧米茄）

iv. 白色（细节设计处为淡蓝色和绿色）

1919—1922（根据马尔切斯基 2008 年的记载）

印章："双耳瓶，捷克斯洛伐克制造"

压印签名："路易斯·韦恩"

9 ¾ 英寸高，6 英寸宽

（参考来源：英国私人收藏）

v. 白色（细节设计处为绿色和暗红色）

1919—1922（根据马尔切斯基 2008 年的记载）

压印签名："路易斯·韦恩"

一些标记被故意遮盖

9 ¾ 英寸高，6 英寸宽

（参考来源：英国私人收藏）

vi. 白色（细节设计处为绿色和淡红色）

191—1922（根据马尔切斯基 2008 年的记载）

（参考来源：马尔切斯基 2008）

vii. 白色（细节设计处为蓝色——暗蓝色和白色相间）

1919—1922（根据马尔切斯基 2008 年的记载）

（参考来源：马尔切斯基 2008）

3. [大猫]

登记人：马克斯·伊曼纽尔公司，伦敦 EC 鞋巷 41-42 号，陶瓷制造商

登记日期：1914 年 5 月 18 日

登记号：BT52/629/637129

登记名称："陶瓷装饰品"

铸件和釉面：

i. 蓝色（细节设计处为红色和黄色）

印章："英国制造"；马克斯·伊曼纽尔

绘制压印签名："路易斯·韦恩"

9½ 英寸高，8 英寸长

（参考来源：英国私人收藏）

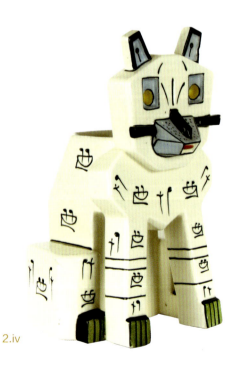

2.iv

2.v

3.i

4.i

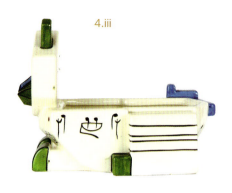

4.iii

5.i

4. 幸运碗猫

登记人：马克斯·伊曼纽尔公司，伦敦 EC 鞋巷 41-42 号，陶瓷制造商

登记日期：1914 年 5 月 18 日

登记号：BT52/629/637130

登记名称："陶瓷装饰品"

铸件和釉面：

i. 紫色（细节设计处为绿色和红色）

印章："奥地利帝国双耳瓶"；马克斯·伊曼纽尔

绘制压印签名："路易斯·韦恩"

压印标题："碗猫"

6 英寸高，8 英寸长

（参考来源：英国私人收藏）

ii. 绿色（细节设计处为紫色和红色）

印章："奥地利帝国双耳瓶"；马克斯·伊曼纽尔

绘制压印签名："路易斯·韦恩"

压印标题："碗猫"

6 英寸高，8 英寸长

（参考来源：英国私人收藏）

iii. 白色（细节设计处为蓝色和绿色）

1919—1922（根据马尔切斯基 2008 年的记载）

压印签名："路易斯·韦恩"

压印标题："碗猫"

一些标记被故意遮盖

4.ii

6 英寸高，8 英寸长

（参考来源：英国私人收藏）

5. 幸运大师猫

登记人：马克斯·伊曼纽尔公司，伦敦 EC 鞋巷 41-42 号，陶瓷制造商

登记日期：1914 年 5 月 18 日

登记号：BT52/629/637131

登记名称："陶瓷装饰品"

（关于幸运大师猫的原始设计，请参见第 88 页）

铸件和釉面：

i. 绿色（细节设计处为红色和黄色）

印章："英国制造"；马克斯·伊曼纽尔

绘制压印签名："路易斯·韦恩"

压印标题："幸运大师猫"

8 英寸高，7 英寸长

（参考来源：英国私人收藏）

ii. 黄色（细节设计处为紫色和红色）

印章："帝国双耳瓶"；"奥地利"；马克斯·伊曼纽尔

绘制压印签名："路易斯·韦恩"

压印标题："幸运大师猫"

8 英寸高，7 英寸长

（参考来源：英国私人收藏）

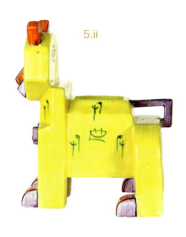 5.ii

 5.iii

iii. 紫色（细节设计处为绿色和红色）

绘制压印签名："路易斯·韦恩"

压印标题："幸运大师猫"

8 英寸高，7 英寸长

（参考来源：英国私人收藏）

iv. 橙色（细节设计处为绿色和黄色）

绘制压印签名："路易斯·韦恩"

印章：奥地利帝国双耳瓶；马克斯·伊曼纽尔

8 英寸高，7 英寸长

（参考来源：马尔切斯基 2008）

v. 白色（细节设计处为橙色和红色）

1919—1922（根据马尔切斯基 2008 年的记载）

压印签名："路易斯·韦恩"

压印标题："幸运大师猫"

8 英寸高，7 英寸长

（参考来源：英国私人收藏）

vi. 白色（细节设计处为绿色和红色）

1919—1922（根据马尔切斯基 2008 年的记载）

压印标题："幸运大师猫"

（参考来源：马尔切斯基 2008）

5.v

6. 未来主义猫

登记人：马克斯·伊曼纽尔公司，伦敦 EC 鞋巷 41-42 号，陶瓷制造商

登记日期：1914 年 5 月 18 日

登记号：BT52/629/637132

登记名称："陶瓷装饰品"

铸件和釉面：

i. 蓝色（细节设计处为红色和黄色）

印章：奥地利帝国双耳瓶；马克斯·伊曼纽尔

绘制压印签名："路易斯·韦恩"

压印标题："未来主义猫"

10½ 英寸高，9¼ 英寸长

（参考来源：马尔切斯基 2008）

ii. 海军蓝（细节设计处为绿色和橙色）

印章："奥地利帝国双耳瓶"；马克斯·伊曼纽尔

绘制压印签名："路易斯·韦恩"

压印标题："未来主义猫"

11 英寸高，9 ¾ 英寸长

（参考来源：拉戈艺术 2010）

iii. 紫色（细节设计处为绿色和橙色）

印章：奥地利帝国双耳瓶；马克斯·伊曼纽尔

绘制压印签名："路易斯·韦恩"

压印标题："未来主义猫"

10½ 英寸高，9¼ 英寸长

（参考来源：欧米加）

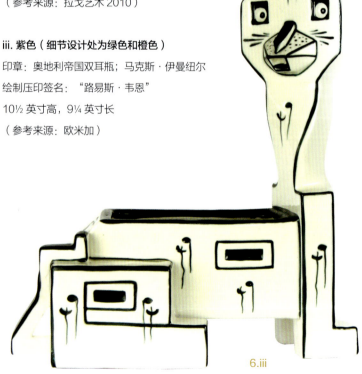

6.iii

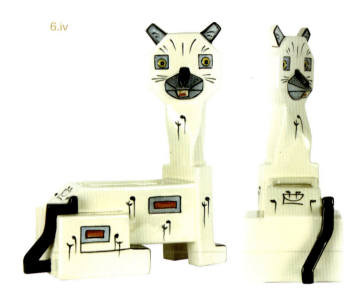

6.iv

iv. 白色（细节设计处为黑色）

1919—1922（根据马尔切斯基 2008 年的记载）

印章："帝国双耳瓶"；"奥地利"；马克斯·伊曼纽尔

压印签名："路易斯·韦恩"

压印标题："未来主义猫"

10½ 英寸高，9¼ 英寸长

（参考来源：英国私人收藏）

v. 白色（细节设计处为蓝色和红色）

1919—1922（根据马尔切斯基 2008 年的记载）

印章："双耳瓶，捷克斯洛伐克制造"

压印签名："路易斯·韦恩"

压印标题："未来主义猫"

10½ 英寸高，9¼ 英寸长

（参考来源：英国私人收藏）

7. 幸运路霸猫

登记人：马克斯·伊曼纽尔公司，伦敦 EC 鞋巷 41-42 号，陶瓷制造商

登记日期：1914 年 5 月 18 日

登记号：BT52/629/637133

登记名称："泰迪熊"，后面改为"陶瓷装饰品"

符咒："我会带你走向好运，接受它，充分利用它"

铸件和釉面：

i. 淡紫色（细节设计处为橙色和黄色）

印章："英国制造"；马克斯·伊曼纽尔

绘制压印签名："路易斯·韦恩"

8 英寸高，8¾ 英寸长

（参考来源：马尔切斯基 2008）

ii. 淡蓝色头部，中蓝色身体（细节设计处为红色和黄色）

印章：英国制造；马克斯·伊曼纽尔

绘制压印签名："路易斯·韦恩"

8 英寸高，8¾ 英寸长

（参考来源：普劳德洛夫）

iii. 橙色（细节设计处为绿色和紫色）

印章："帝国双耳瓶"；"奥地利"；马克斯·伊曼纽尔

压印签名："路易斯·韦恩"

8 英寸高，8¾ 英寸长

（参考来源：英国私人收藏）

iv. 白色（细节设计处为黑色、橙色、紫色和黄色）

1919—1922（根据马尔切斯基 2008 年的记载）

印章："双耳瓶，捷克斯洛伐克制造"

绘制刻印文字："菲利克斯"

压印标题："幸运路霸猫"

（参考来源：马尔切斯基 2008）

v. 白色（细节设计处为白色和黄色）

1919—1922（根据马尔切斯基 2008 年的记载）

印章："双耳瓶，捷克斯洛伐克制造"

压印标题："幸运路霸猫"

8 英寸高

（参考来源：欧米加）

8. 幸运的未来主义猫和他的喵喵音符

[大尺寸]

登记人：马克斯·伊曼纽尔公司，伦敦 EC 鞋巷 41-42 号，
陶瓷制造商

登记日期：1914 年 5 月 18 日

登记号：BT52/629/637134

登记名称："陶瓷装饰品"

符咒："带上你的笑容，当你看到我的时候，
好运在等着你"

铸件和釉面：

i. 红色（细节设计处为绿色和黄色）

印章：马克斯·伊曼纽尔

绘制签名："路易斯·韦恩"

压印标题："未来主义猫"

压印："英国制造"；"63713"

9¾ 英寸高，6¾ 英寸长

（参考来源：英国私人收藏）

ii. 红色（细节设计处为绿色和黄色）

印章：奥地利帝国双耳瓶；马克斯·伊曼纽尔

绘制压印签名："路易斯·韦恩"

9¾ 英寸高，6¾ 英寸长

（参考来源：马尔切斯基 2008）

iii. 蓝色（细节设计处为红色和黄色）

印章：奥地利帝国双耳瓶；马克斯·伊曼纽尔

绘制压印签名："路易斯·韦恩"

9¾ 英寸高，6¾ 英寸长

（参考来源：马尔切斯基 2008）

iv. 紫色（细节设计处为淡紫色）

印章：奥地利帝国双耳瓶；马克斯·伊曼纽尔

绘制签名："路易斯·韦恩"

9¾ 英寸高，6¾ 英寸长

（参考来源：马尔切斯基 2008）

8.i

v. 绿色（细节设计处为红色和黄色）

绘制压印签名："路易斯·韦恩"

9¾ 英寸高，6¾ 英寸长

（参考来源：查森 2009）

vi. 白色（细节设计处为黑色、绿色和红色）

1919—1922（根据马尔切斯基 2008 年的记载）

印章："双耳瓶，捷克斯洛伐克制造"

绘制刻印文字："菲利克斯"

绘制签名："路易斯·韦恩"

压印标题："未来主义猫"

9½ 英寸高，6¾ 英寸长

（参考来源：英国私人收藏）

vii. 白色（细节设计处为绿色和粉色），釉面更加细润

1919—1922（根据马尔切斯基 2008 年的记载）

印章："双耳瓶，捷克斯洛伐克制造"

压印标题："未来主义猫"

9½ 英寸高，6¾ 英寸长

（参考来源：英国私人收藏）

8.vi

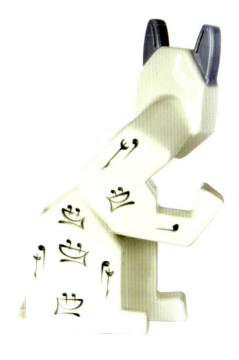

8.vii

9. 幸运的未来主义猫和他的喵喵音符

[小尺寸]

登记人：马克斯·伊曼纽尔公司，伦敦 EC 鞋巷 41-42 号，陶瓷制造商

登记日期：1914 年 5 月 18 日

登记号：BT52/629/637134

登记名称："陶瓷装饰品"

符咒："带上你的笑容，当你看到我的时候，好运在等着你"

铸件和釉面：

i. 红色（细节设计处为黑色、紫色、红色和黄色）

印章：马克斯·伊曼纽尔

绘制签名："路易斯·韦恩"

压印标题："未来主义猫"

压印："英国制造"；"RONO 63713"

5½ 英寸高，3¼ 英寸长

（参考来源：英国私人收藏）

9.i

10. 幸运大师猫

[大尺寸]

登记人：马克斯·伊曼纽尔公司，伦敦 EC 鞋巷 41-42 号，陶瓷制造商

登记日期：1914 年 5 月 18 日

登记号：BT52/629/637135

登记名称："陶瓷装饰品"

符咒:"拥有我,就会快乐"

铸件和釉面:

i. 紫色(细节设计处为绿色和红色)

印章:英国制造;马克斯·伊曼纽尔

绘制压印签名:"路易斯·韦恩"

11¼ 英寸高,7½ 英寸长

(参考来源:马尔切斯基 2008)

ii. 黑色(细节设计处为红色和黄色)

印章:"英国制造";马克斯·伊曼纽尔

绘制压印签名:路易斯·韦恩

11¼ 英寸高,7½ 英寸长

(参考来源:英国私人收藏)

iii. 淡蓝色(细节设计处为红色和黄色)

印章:英国制造;马克斯·伊曼纽尔

绘制压印签名:"路易斯·韦恩"

11¼ 英寸高,7½ 英寸长

(参考来源:马丁)

iv. 中蓝色(细节设计处为红色和黄色)

绘制压印签名:"路易斯·韦恩"

11¼ 英寸高,7½ 英寸长

(参考来源:班福得 2009)

v. 黄色(细节设计处为蓝色和红色)

印章:"奥地利";马克斯·伊曼纽尔

压印签名:"路易斯·韦恩"

压印标题:"未来主义猫"

11 英寸高,7¼ 英寸长

(参考未源:英囯私人收藏)

vi. 白色(细节设计处为绿色和红色)

1919—1922(根据马尔切斯基 2008 年的记载)

印章:"双耳瓶,捷克斯洛伐克制造"

压印签名:"路易斯·韦恩"

压印标题:"未来主义猫"

一些标记被故意遮盖

11 英寸高,7¼ 英寸长

(参考来源:英国私人收藏)

vii. 白色(细节设计处为黑色、紫色、红色和黄色;黑色耳朵)

1919—1922(根据马尔切斯基 2008 年的记载)

印章:"双耳瓶,捷克斯洛伐克制造"

绘制刻印文字:"菲利克斯"

11 英寸高,7¼ 英寸长

(参考来源:马尔切斯基 2008)

viii. 白色(细节设计处为黑色、紫色、红色和黄色;黄色耳朵)

1919—1922(根据马尔切斯基 2008 年的记载)

印章:"双耳瓶,捷克斯洛伐克制造"

绘制刻印文字·"菲利克斯"

11 英寸高,7¼ 英寸长

(参考来源:马尔切斯基 2008)

10.ii

10.v

10.vi

11. 幸运游侠骑士猫

登记人：马克斯·伊曼纽尔公司，伦敦 EC 鞋巷 41-42 号，陶瓷制造商

登记日期：1914 年 6 月 12 日，延期至 1919 年 8 月 11 日

登记号：BT52/629/638312

登记名称："怪诞小雕像"

符咒："只要是正义之事，我都会为你而战，助你战胜一切困难"

铸件和釉面：

i. 蓝色（细节设计处为绿色、红色和黄色）

印章："英国制造"；马克斯·伊曼纽尔

绘制签名："路易斯·韦恩"

压印："英国制造"；"63812"

5¾ 英寸高，3 英寸长

（参考来源：英国私人收藏）

12.i

11.i

12. 幸运黑猫

登记人：马克斯·伊曼纽尔公司，伦敦 EC 鞋巷 41-42 号，陶瓷制造商

登记日期：1914 年 6 月 12 日，延期至 1919 年 8 月 11 日

登记号：BT52/629/638313

登记名称："猫咪小雕像"

符咒："坚持对我的信仰，命运会对你微笑"

铸件和釉面：

i. 黑色（细节设计处为绿色、红色和白色）

印章："英国制造"；马克斯·伊曼纽尔

绘制签名："路易斯·韦恩"

压印："英国制造"；"63812"

5¼ 英寸高，3¾ 英寸长

（参考来源：英国私人收藏）

13. 开心骄蛮猫

登记日期：1914 年 6 月 12 日，延期至 1919 年 8 月 11 日

登记号：BT52/629/638314

登记名称："猫咪小雕像"

符咒："我是治愈忧郁的良方"

铸件和釉面：

i. 颜色不明（参考来源：戴尔 1968，第 113 页）

ii. 丁香紫（细节设计处为绿色、红色和黄色）

5½ 英寸高

（参考来源：宝龙 2008，该展品为赝品，被撤下）

14.i

14. 幸运凶悍斗牛犬

登记人：马克斯·伊曼纽尔公司，伦敦 EC 鞋巷 41-42 号，陶瓷制造商

登记日期：1914 年 6 月 12 日

登记号：BT52/629/638315

登记名称："斗牛犬小雕像"

符咒："你若忠于我，我就忠于你"

铸件和釉面：

i. 奶油色（细节设计处为绿色、红色和黄色）

印章："英国制造"；马克斯·伊曼纽尔

绘制签名："路易斯·韦恩"

压印："英国制造"；"63812"

3¼ 英寸高，5½ 英寸长

（参考来源：英国私人收藏）

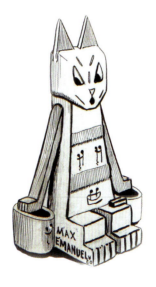  

13. 设计稿　　**13.i**　　**13.ii**

15. 幸运的狮身人面像猫

登记人：马克斯·伊曼纽尔公司，伦敦 EC 鞋巷 41-42 号，

陶瓷制造商

登记日期：1914 年 6 月 12 日，延期至 1919 年 8 月 11 日

登记号：BT52/629/638316

登记名称："犬类小雕像"

符咒："我给你带来好运，收下吧"

铸件和釉面：

i. 黑色（细节设计处为绿色和黄色）

印章："英国制造"；马克斯·伊曼纽尔

绘制签名："路易斯·韦恩"

4¾ 英寸高，3¼ 英寸长

（参考来源：英国私人收藏）

16.i

16. 幸运哈哈猫

登记人：马克斯·伊曼纽尔公司，伦敦 EC 鞋巷 41-42 号，

陶瓷制造商

登记日期：1914 年 6 月 12 日，延期至 1919 年 8 月 11 日

登记号：BT52/629/638317

登记名称："猫咪小雕像"

符咒："像我这样，你会大受欢迎"

铸件和釉面：

i. 蓝色头部，绿色身体（细节设计处为红色和白色）

印章："英国制造"；马克斯·伊曼纽尔

绘制压印签名："路易斯·韦恩"

压印："英国制造"；"RG 638317"

5¼ 英寸高，3¼ 英寸长

（参考来源：克里斯·彼特斯有限公司）

15.i

17. 幸运大师猫

[小尺寸]

登记人：马克斯·伊曼纽尔公司，伦敦 EC 鞋巷 41-42 号，
陶瓷制造商

登记日期：1914 年 6 月 12 日，延期至 1919 年 8 月 11 日

登记号：BT52/629/638318

登记名称："猫咪小雕像"

符咒："带上你的笑容，当你看到我的时候，好运在等着你"

铸件和釉面：

i. 奶油色（细节设计处为绿色和红色）

印章："英国制造"；马克斯·伊曼纽尔

绘制压印签名："路易斯·韦恩"

压印："英国制造"

6 英寸高，3½ 英寸长

（参考来源：克里斯·彼特斯有限公司）

18. 幸运小猪

登记人：马克斯·伊曼纽尔公司，伦敦 EC 鞋巷 41-42 号，
陶瓷制造商

登记日期：1914 年 6 月 12 日，延期至 1919 年 8 月 11 日

登记号：BT52/629/638319

登记名称："猪类小雕像"

铸件和釉面：

i. 绿色（细节设计处为红色和黄色）

印章："路易斯·韦恩"；"幸运小猪"；"638319"

3½ 英寸高，5¼ 英寸长

（参考来源：英国私人收藏）

19. 幸运猪

登记人：马克斯·伊曼纽尔公司，伦敦 EC 鞋巷 41-42 号，陶瓷制造商

登记日期：1914 年 6 月 12 日，延期至 1919 年 8 月 11 日

登记号：BT52/629/638320

登记名称："猪类小雕像"

符咒："我为你驱散所有厄运"

铸件和釉面：

i. 绿色（细节设计处为红色和黄色）

印章：马克斯·伊曼纽尔

绘制签名："路易斯·韦恩"

压印："英国制造"；"RG NO 638320"

4¾ 英寸高，3½ 英寸长

（参考来源：英国私人收藏）

20. [饮水猫]

登记人：马克斯·伊曼纽尔公司，伦敦 EC 鞋巷 41-42 号，陶瓷制造商

登记日期：1914 年 11 月 16 日

登记号：BT52/673/643807

登记名称："陶瓷烟灰缸"

铸件和釉面：

i. 红色头部，绿色身体（细节设计处为黄色）

印章："英国制造"；马克斯·伊曼纽尔

绘制签名："路易斯·韦恩"

4¾ 英寸高，4 英寸宽

（参考来源：英国私人收藏）

ii. 橙色头部和身体（细节设计处为黄色）

印章：英国制造

绘制签名："路易斯·韦恩"

4¾ 英寸高，4 英寸宽

（参考来源：马尔切斯基 2008）

iii. 黑色头部，绿色身体（细节设计处为黄色）

印章：英国制造

绘制签名："路易斯·韦恩"

4¾ 英寸高，4 英寸宽

（参考来源：马尔切斯基 2008）

21. 笑脸猫

登记人：西德尼·乔治·帕克－福克斯，伦敦 SW1 泰晤士河南部皮米里科的查尔伍德（Charlwood）街 24 号

登记日期：1922 年 4 月 10 日

登记名称："笑脸猫"

登记号：BT52/942/689510

铸件和釉面：

i. 黑色（细节设计处为黄色）

印章："英格兰皇家斯塔福德郡威尔金森陶器公司"

印制签名："路易斯·韦恩"

印制名称："笑脸猫"

7½ 英寸高，4½ 英寸长

（参考来源：英国私人收藏）

路易斯·韦恩的生平与时代

克里斯·彼特斯 & 戴维·伍顿汇编
涉及路易斯·韦恩与家人的部分用粗体表示

1859 年

- 6月：大选结束后，维多利亚女王再度任命新成立的自由党领袖帕麦斯顿勋爵为英国首相。
- 10月29日，星期六：**威廉·马修·韦恩（1825—1880）与朱莉·费利西·博伊特（1833—1910）在伦敦马里波恩的西班牙广场礼拜堂（Spanish Place Chapel）❶结为夫妻。**
- **威廉是一家毛制品零售商的流动推销员，他的父亲约翰·韦恩是斯塔福德郡利克镇的丝绸制造商。威廉皈依罗马天主教后，他与父亲日渐疏远。**
- **朱莉的父亲路易斯·安托万·玛丽·博伊特（1809—1964）是一位在法国巴黎出生的挂毯设计师，母亲卡罗琳·费利西蒂·约瑟芬·切夫拉特（1806—1861）是一个来自法国敦刻尔克的孤儿。**
- 西班牙广场礼拜堂建于1791年，与当时附近的西班牙大使馆有着传统意义上的关联。如今其早已不复存在，遗址对面有一座圣詹姆斯罗马天主教堂，位于马里波恩高街附近的乔治街，承接了西班牙广场礼拜堂的职能。

---

❶ 西班牙广场礼拜堂又名圣詹姆斯西班牙广场礼拜堂（St James's Spanish Place Chapel），是西班牙驻伦敦大使馆附属的小教堂。——译者注

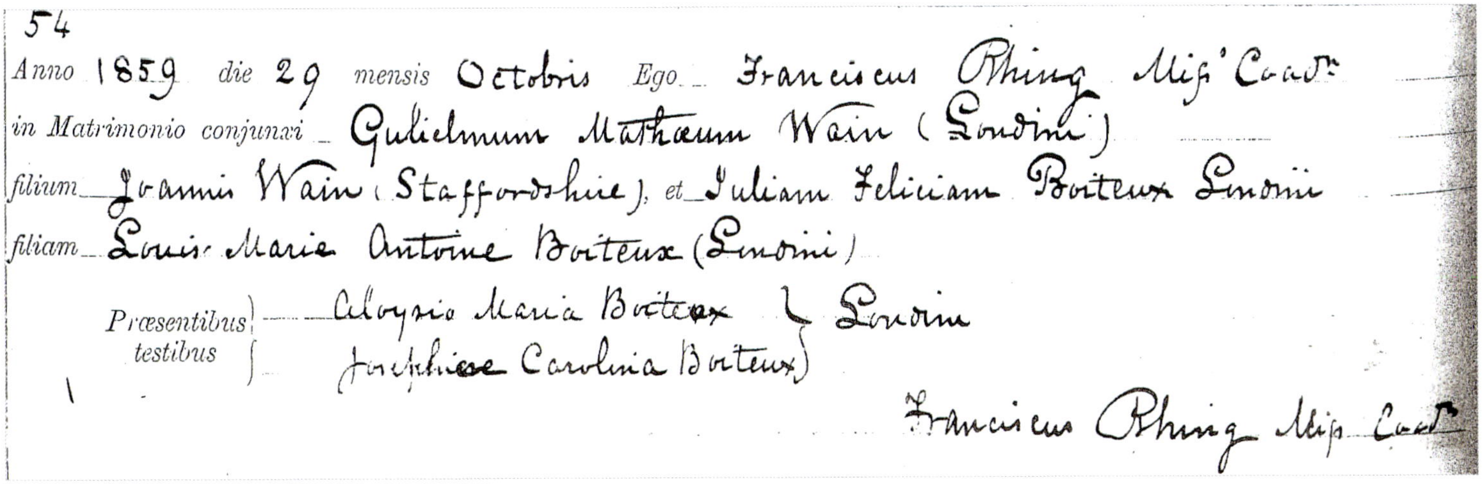
54
Anno 1859 die 29 mensis Octobris Ego Franciscus Rhing Miss. Coad.
in Matrimonio conjunxi Gulielmum Mathaeum Wain (Londini)
filium Joannis Wain (Staffordshire), et Juliam Feliciam Boiteux Londini
filiam Louis Marie Antoine Boiteux (Londini)
Praesentibus testibus Aloysio Maria Boiteux & Londini
Josephine Carolina Boiteux
Franciscus Rhing Miss. Coad.

上图：路易斯 · 韦恩父母的结婚证

1860 年

- **8 月 5 日，星期日：路易斯 · 马修 · 韦恩出生于伦敦克勒肯维尔区圣约翰街 39 号。他的童年时期在克勒肯维尔和马里波恩度过，中间搬过好几次家。**

1861 年

- 4 月 7 日：根据当天的人口普查记录，英格兰和威尔士共有 2010 万人口。
- 12 月 14 日：维多利亚女王的丈夫阿尔伯特亲王逝世。

大约 1862 年

- **路易斯的第一个妹妹卡罗琳 · 玛丽 · 伊丽莎白出生于伊斯灵顿；登记的出生日期为 1862 年 2 月 3 日，星期一。**

1862 年

- 牧师查尔斯 · 道奇森（后改名为刘易斯 · 卡罗尔）创作了《爱丽丝梦游仙境》。
- 马里波恩和西伦敦艺术学院成立，麦克唐纳 · 克拉克担任校长。该校位于博尔索弗街。

大约 1864 年

- **路易斯的第二个妹妹约瑟芬 · 费利西 · 玛丽出生于巴恩斯伯里；登记的出生日期为 1864 年 4 月 4 日，星期一。**

1864 年

- 约翰 · 维斯登出版了第一版的《维斯登板球运动员年鉴》。

约翰·坦尼尔,《去下议院》(Going Down to the House),《潘趣》杂志,1866年2月10日

《淘气猫》,《便士画报》,1896年圣诞节专刊

1865年
- 10月:自由党首相帕麦斯顿勋爵死于任内,罗素伯爵接任首相之职。
- 刘易斯·卡罗尔出版了《爱丽丝梦游仙境》,书中的插图由《潘趣》杂志的首席政治漫画家约翰·坦尼尔绘制。

1866年
- 6月:德比伯爵 成为保守党首相。

大约1867年
- 路易斯的第三个妹妹玛丽出生于马里波恩。

大约1868年
- 路易斯的第四个妹妹克莱尔·玛丽出生于马里波恩;登记的出生日期为1868年12月22日,星期二。

1868年
- 2月:本杰明·迪斯雷利接替德比伯爵成为保守党首相;但是,因为保守党没有获得多数席位,本杰明解散了议会。
- 12月:自由党的威廉·尤尔特·格莱斯顿当选为首相。
- 朱利安学院(Académie Julian)设在巴黎的全景廊街(Passage des Panoramas),成立之初便接纳女性入学。

从1870年开始
- 路易斯就读于伦敦哈克尼区南部威尔街的"果园街男童和幼儿学校",当时的校长为威廉·普拉特。

大约1871年
- 路易斯的第五个妹妹朱莉·菲丽西·玛丽出生于马里波恩;登记的出生日期为1871年7月4日,星期二。

1871年
- 4月2日,星期日:根据当天的人口普查记录,英格兰和威尔士的人口已增至2270万;路易斯·韦恩一家住在马里波恩南街36号。

- 7月：艺术家哈里森·韦尔（1824—1906）在水晶宫举办了英国第一届猫展；同年他出版了《动物铅笔画》。
- 刘易斯·卡罗尔出版了《爱丽丝镜中奇遇记》。
- 爱德华·利尔出版了《荒诞的歌、故事、植物和字母》（Nonsense Songs, Stories, Botany and Alphabets），其中包括著名的浪漫诗歌"猫头鹰和猫咪"。

1872 年
- 8月21日：英国插画艺术家奥伯利·比亚兹莱出生。

1874 年
- 2月：保守党赢得大选，本杰明·迪斯雷利再度担任英国首相。

1875 年
- 英国伦敦温布尔登的全英槌球俱乐部为网球项目留出了一块草坪。

1876 年
- **路易斯进入圣约瑟夫学院就读。该校位于肯宁顿区肯宁顿巷 167 号，是一所罗马天主教学校。**
- 8月10—12日：传奇的板球运动员格雷斯（W.G. Grace）在坎特伯雷球场马里波恩板球俱乐部对阵肯特队的比赛中，取得了个人在甲级比赛中的最高成绩 344 分。

1877 年
- 英国伦敦温布尔登的全英槌球和网球俱乐部举办了第一届男子单打比赛。

1877—1880 年
- **路易斯在西伦敦艺术学校学习。**

1880 年
- 4月：自由党赢得大选，格莱斯顿再度担任首相。
- 8月23日：绰号为"本迪戈"的著名赤拳格斗职业拳击手威廉·汤普森（1811—1880）去世。
- 9月6日：W.G. 格雷斯、E.M. 格雷斯和弗雷德·格雷斯三兄弟在椭圆体育

哈里森·韦尔，《从舞台左侧退场》，1865 年

《槌球》

《谁要打网球？》

《这是怎么回事，裁判？！》

场英国有史以来的第一场国际板球决赛（test match）中并肩作战，代表英格兰对阵澳大利亚。

· 10月27日周三：路易斯·韦恩的父亲威廉·韦恩在盖伊医院去世，葬于肯萨尔绿地哈罗路的圣玛丽罗马天主教公墓的家族墓穴。

1880—1882年

· 路易斯在西伦敦艺术学校的新校区担任助理教员。该校区位于大蒂奇菲尔德街155号，由建筑设计师罗伯特·威廉·埃迪斯设计。

1881年

· 4月3日，星期日：根据当天的人口普查记录，路易斯与母亲和四个妹妹（除卡罗琳以外）还有三个仆人住在圣乔治汉诺威广场布鲁克街8号。据记载，他的母亲是一家之主，也是"教堂窗户设计师"，雇用了十二名女工和两名男工。

· 4月23日：英国幽默剧作家威廉·施文克·吉尔伯特与英国作曲家阿瑟·沙利文创作的针对唯美主义运动❶的讽刺作品《佩兴斯》（亦称《邦索恩的新娘》）❷在斯特兰德大街的喜剧歌剧院首次公演，共演出578场。

· 7月：路易斯通过设计圣诞卡片来赚钱，并匿名为他所谓的"不大知名的书刊"作画；他住在一间没有家具的房间，经常回家睡觉。

· 12月10日，星期六：《体育和戏剧新闻画报》刊登了素描作品《月桂树上的红腹灰雀》，这是第一幅认定是路易斯·韦恩绘制的作品，但刊印的时候误命名为"知更鸟的早餐"。

1882年

· 路易斯获得《体育和戏剧新闻画报》和《伦敦新闻画报》的老板威廉·英格拉姆爵士的聘用，为《体育和戏剧新闻画报》绘制插图。

---

❶ 唯美主义运动（Aesthetic movement）是于19世纪后期出现在英国艺术和文学领域中的一场组织松散的运动。提倡"为艺术而艺术"，强调超然于生活的纯粹美，追求形式完美和艺术技巧，唯美主义运动的兴起是对社会功利哲学、市侩习气和庸俗作风的反抗。代表人物有济慈、雪莱、戈蒂埃、王尔德等。——译者注

❷ 《佩兴斯》（亦称《邦索恩的新娘》）（Patience, or Bunthorne's Bride），是一部诙谐的讽刺作品，将维多利亚时代的直率理想与19世纪70年代唯美主义运动的激情和放纵进行对比，从各方面进行了嘲讽。——译者注

大约 1883 年

- 路易斯的母亲被迫宣布破产。根据当时的《判例汇编时报》(*The Law Times*)❶记载,她住在布鲁克街 8 号,是一名管理人员兼刺绣师。

1883 年

- 艾米莉·玛丽·理查森(1850—1887)成为韦恩妹妹们的家庭教师。
- 10 月 20 日,星期六:路易斯发表了他的第一幅署名素描作品《国际渔业展览会上的奇鱼》,刊登在《伦敦新闻画报》第 392 页。
- 10 月 27 日,星期六:路易斯发表了《伦敦水晶宫猫展素描》,刊登在《伦敦新闻画报》第 404 页。

1884 年

- 1 月 30 日,星期三:艾米莉和路易斯在汉普斯特德霍利广场的罗马天主教堂举行婚礼,玛蒂尔达·汉弗莱斯和画家赫伯特·雷顿(1857—1910)担任证婚人。
- 艾米莉和路易斯与韦恩家族疏远,一起搬到了南汉普斯特德贝尔斯公园的伊丽莎白排屋 17 号。
- 一只名叫彼得的黑白相间的猫成了备受喜爱的家养宠物。
- 艾米莉被诊断出患有乳腺癌,当时该病是绝症,没法医治;她待在家里,卧床不起。
- 路易斯每周都要出差,踏上漫长而艰辛的旅程,为《体育和戏剧新闻画报》绘制插图并报道全国各地的狗和农业相关的展览。
- 夫妇俩搬到汉普斯特德英格兰巷(Englands Lane)42 号。艾米莉的姐妹搬过来帮助照顾艾米莉。
- 路易斯接受私人委托为狗画肖像画。

---

❶ 《判例汇编时报》(*Law Times Reports*),该时报于 1843 — 1947 年期间分两个系列出版。第一系列(*Law Times, Old Series*)出版于 1843—1859 年间,有累积本 34 卷;第二系列出版于 1859—1947 年间,有累积本 177 卷;该报从 1948 年起并入《全英判例汇编大全》。——译者注

《出庭律师的辩护状》

《献给相爱的人》(局部)

彼得

《她一直不停亲我》

《皇家水族馆宠物狗展》和《水晶宫猫展》，刊登于 12 月 30 日（星期六）出版的《伦敦新闻画报》第 451 页

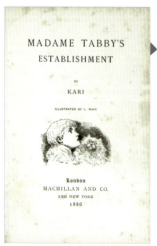

卡丽，《塔比夫人的学校》，伦敦：麦克米伦公司出版，1886 年，扉页

- 路易斯在艾米莉床边花了很多时间为彼得画像。
- 10 月 18 日：路易斯发表了素描作品《我们的猫：驯养史》，刊登在《伦敦新闻画报》第 365 页。

1885 年

- 路易斯加入了《家畜饲养者和爱好者纪事》（*The Stock-Keeper and Fanciers' Chronicle*）杂志，成为该杂志的工作人员，乔治·R. 克莱尔（1856—约 1904）是该杂志的老板。
- 3 月 14 日：吉尔伯特和沙利文的戏剧作品《日本天皇》（亦称《秩父市》）在萨沃伊剧院首次公演，共演出 672 场。
- 6 月：英国将领戈登殒命于苏丹的喀土穆，为此格莱斯顿辞去首相职务。保守党领袖索尔兹伯里第三侯爵尽管选票占少数，但还是接替了格莱斯顿出任下一届首相。

1886 年

- 2 月：格莱斯顿重新执政，第三次出任首相，但没过多久就下台了。因为他本人支持《爱尔兰自治法案》，而自由党对此意见不一。于是，在 7 月份的时候，保守党领袖索尔兹伯里勋爵开始了他的第二次首相任期。《爱尔兰自治法案》是一项涉及爱尔兰人在联合王国的自治权利的法案。
- 10 月 30 日，星期六：路易斯发表了两幅各半页的素描作品《皇家水族馆宠物狗展》和《水晶宫猫展》，刊登在《伦敦新闻画报》第 451 页。
- 12 月：威廉爵士委托韦恩一项重要任务——为《伦敦新闻画报》的圣诞特刊绘制一幅对页图画：《小猫的圣诞派对》。这幅画备受赞誉，韦恩作为猫咪画家开始声名鹊起。
- 路易斯为卡丽（卡罗琳·休斯的笔名）所著的《塔比夫人的学校》绘制插图，该书由麦克米伦公司出版，面向维多利亚时代的幼儿市场。

《体育和戏剧新闻画报》的圣诞特刊《冬青叶》中的插图《猫咪的圣诞舞会》，1890 年 12 月

1887 年

- 1 月 2 日，星期日：艾米莉去世。
- 路易斯和彼得一起搬到新卡文迪什大街 3 号。
- 哈里森·韦尔创立了英国猫咪俱乐部，担任第一届主席和猫展经理人，直至 1890 年辞去该职务。
- 7 月：英国猫咪俱乐部的第一届展览会在伦敦水晶宫举办。

1888—1890 年

- 路易斯定期为《伦敦新闻画报》和《体育和戏剧新闻画报》绘制插画。

1889 年

- 路易斯成为英国皇家艺术家学会的成员，仅在那里展出过一次画作：编号 421，售价 15.15 英镑。
- 12 月 7 日：吉尔伯特和沙利文的戏剧《船夫》（亦称《巴拉塔里亚国王》）在萨沃伊剧院首次公演，共演出 554 场。

哈里森·韦尔，1889 年

《伦敦新闻画报》的圣诞特刊中的插图《猫咪聚会》，1890 年 12 月，第 815 页

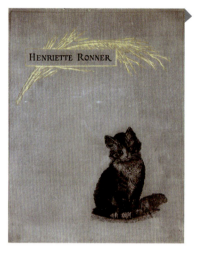

M.H. 斯皮尔曼，《亨丽埃特·隆纳：描绘猫生活和猫品性的画家》，伦敦：卡塞尔公司出版，1891 年，封面

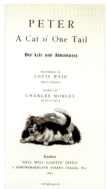

查尔斯·莫利，《彼得：只有一条尾巴的猫，他的生活与冒险》，伦敦：蓓尔美尔街报社出版，1892 年，封面和扉页

1890 年

- 菲尔·梅为 W. 阿利森的《牧师与画家》绘制插画，作品刊登在期刊《圣斯蒂芬评论》上。
- 12 月：路易斯为《体育和戏剧新闻画报》的圣诞特刊《冬青叶》创作了插图《猫咪的圣诞舞会》。
- 12 月 27 日，星期六：路易斯创作了《猫咪聚会》，刊登在《伦敦新闻画报》第 815 页，首次呈现了成熟的拟人化风格的大幅猫咪作品。

1891 年

- M.H. 斯皮尔曼所著的《亨丽埃特·隆纳：描绘猫生活和猫品性的画家》由卡塞尔公司出版。亨丽埃特·隆纳·克尼普（1821—1909）是一位知名的荷兰画家，擅长画猫。
- 4 月 5 日，星期日：根据当天的人口普查记录，路易斯与母亲和五个妹妹居住在圣乔治汉诺威广场公园街 117 号。据记载，他的母亲是"教堂和艺术刺绣设计师"，玛丽是"艺术刺绣师"，克莱尔是"黑白画画家"，朱莉是"钢笔画画家"。

1891—1896 年

- 路易斯接替哈里森·韦尔，担任英国猫咪俱乐部主席。

1892 年

- 路易斯为查尔斯·莫利所著的《彼得：只有一条尾巴的猫，他的生活与冒险》绘制插图，由蓓尔美尔街报社（Pall Mall Gazette）出版。
- 8 月：7 月大选后，格莱斯顿组建了一个少数派自由党政府，并开始了他的第四任首相任期。
- 《菲尔·梅年刊》首次出版。

1893 年

- 乔治·纽恩斯创办了自由党周报《威斯敏斯特预算》，并任命查尔斯·莫利（1853—1916）担任该报的编辑。

1894 年

- 在威廉·英格拉姆爵士的协调下，路易斯与家人达成全面和解。路易斯与寡母以及五个妹妹搬到了肯特郡的滨海韦斯特盖特，一开始在艾德里安广场 16

号安顿下来。
- 路易斯为他的发明"稳定循环驱动的自行车"（Steady Cycle）申请专利。
- 英国插画家奥布里·比尔兹利和短篇小说家亨利·哈兰德共同创办了《黄皮书》，比尔兹利担任该刊物前四期的艺术编辑。
- 3月：上议院否决了格莱斯顿再次提出的《爱尔兰自治法案》后，格莱斯顿辞去首相职务。第五代罗斯伯里伯爵接替其成为自由党领袖和首相。

1895年
- 韦恩一家搬到滨海韦斯特盖特的科林伍德排屋7号（如今的韦斯特盖特海湾大道23号）。路易斯将房屋取名为本迪戈小屋，"本迪戈"这个名字取自拳击手威廉·汤普森的绰号。
- 路易斯为《温莎杂志》投稿了两篇文章："贝德福德公爵夫人的宠物：沃本之行"和"沃尔特·罗斯柴尔德阁下的宠物：特林博物馆之行"。
- 路易斯为他的发明"自行车新配件"申请专利。
- 6月：罗斯伯里勋爵辞去自由党首相职务。大选后，保守党的索尔兹伯里勋爵接替其职务，开始了他的第三任首相任期。
- 11月：路易斯接受詹姆斯·戈登·理查兹的采访，采访稿"著名猫画家路易斯·韦恩与《密友》对话"刊登在《密友》（Chums）报纸上。
- 菲尔·梅加入了《潘趣》杂志工作。

1896—1911年
- 路易斯担任英国猫咪俱乐部委员会的主席。

1896年
- 1月：路易斯接受罗伊·康普顿的采访，采访稿"犬类与崇高：与路易斯·韦恩先生的一次闲谈"刊登在《闲人》杂志上。
- 路易斯开始为多本低龄儿童书籍绘制插图，其中第一本是欧内斯特·尼斯特出版的选集《趣味儿歌和故事新商店里的有趣顾客》（Comical Customers at the New Stores of Comical Rhymes and Stories），包括毕翠克丝·波特❶和韦恩在内的许多插图画家都为这部选集绘制了插图。

---

❶ 毕翠克丝·波特（Beatrix Potter, 1866年7月28日—1943年12月22日），生于伦敦一个富有的家庭，是英国著名的儿童读物作家，代表作有《彼得兔》。她创作故事的时候总是同时创作插图，每个故事都有几十幅精美生动的插图紧密配合故事情节。——译者注

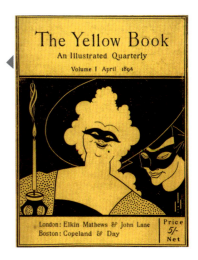

《黄皮书》第1卷，1894年4月，封面

插图画家E.T.里德绘制的菲尔·梅

路易斯·韦恩，大约1896年

奥布里·比尔兹利,《斑点连衣裙》,选自塞缪尔·富特和西奥多·胡克所著的《妙语》,伦敦:J.M. 登特公司出版,1894 年,第 83 页

克莱尔·韦恩,《海上帆船》,1900 年

路易斯·韦恩和他的三个妹妹以及一位朋友,在滨海韦斯特盖特的科林伍德排屋 7 号的后花园

- 路易斯成为猫咪保护和猫之家协会(Society for the Protection of Cats and the Cats' Home)的委员会成员,该协会设立在哈默史密斯国王街的戈登别墅里。
- 菲尔·梅出版了图书《流浪儿》(Guttersnipes)。

1897 年

- 路易斯的作品首次刊登在威廉·伦道夫·赫斯特旗下的多家美国报纸上。

7 月 21 日:英国国家美术馆在米尔班克开馆,不久后更名为泰特美术馆,名字取自其创始人亨利·泰特爵士。

1898 年

- 3 月:彼得离世。"他躺在我的双手中走了,仿佛又回到了最初小奶猫的模样,一如往昔像是与我在对话,给予我回应。"
- 3 月:贝德福德公爵夫人和马库斯·贝雷斯福德勋爵担任主席,重建了英国猫咪俱乐部,韦恩继续担任该俱乐部委员会的主席。
- 3 月 16 日:英国插画家奥布里·比尔兹利在法国芒通去世。
- 伦敦素描俱乐部成立:乔治·海特担任首届主席,菲尔·梅为精神领袖;创始成员包括塞西尔·阿尔丁、汤姆·布朗和达德利·哈代。

1899 年

- 10 月 11 日:第二次布尔战争爆发。
- 11 月 1 日,星期三:英国猫咪俱乐部出版了第一期杂志《我们的猫》。杂志为周刊,杂志社持续经营了 14 年,在韦恩担任俱乐部主席的期间,定期出刊。

1900 年

- 10 月:英国猫咪俱乐部在水晶宫举办了一次展览,展出了路易斯的五十幅作品。

1901 年

- 路易斯撰写了《世界上的动物》中"家猫"的章节。该书由 C.J. 科尼什编写,哈钦森公司(Hutchinson)出版。
- 路易斯为诗集《猫》绘制插画。该诗集由"老猫"格瑞马金(Grimalkin)编写,桑兹公司(Sands & Co.)出版。
- 1 月 22 日:维多利亚女王在怀特岛的奥斯本宫逝世,爱德华七世继承王位。

- 3月4日，星期一：路易斯的妹妹玛丽被鉴定为精神失常，住进了查萨姆（Chartham）的东肯特郡精神病院。
- 3月31日，星期日：根据当天的人口普查记录，路易斯与母亲、四个妹妹（玛丽进了精神病院）还有一个仆人住在滨海韦斯特盖特的科林伍德排屋7号。克莱尔和菲丽西的职业均为"绘画和雕塑艺术家"。
- 鲁德亚德·吉卜林出版了《原来如此：献给孩子们的故事》（Just So Stories for Little Children），其中最长的一则故事为"独自行走的猫"。
- 第一期《路易斯·韦恩年刊》由斯坦霍普·斯普里格担任编辑，安东尼·特里赫恩公司出版，当时年刊售价为1英镑。

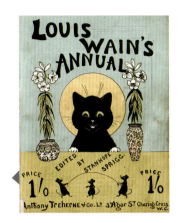

斯坦霍普·斯普里格（编辑），《路易斯·韦恩年刊》，伦敦：安东尼·特里赫恩公司出版，1901年，封面

1902年

- 路易斯首次为拉斐尔·塔克父子公司创作了图书《猫爸爸、猫妈妈和猫宝宝》，以及"英国舞台上的戏剧猫"系列明信片。
- 路易斯创作了图书《各种漫画猫》，由克利夫顿·宾厄姆配文，伦敦：欧内斯特·尼斯特公司出版。
- 詹姆斯·克拉克公司出版了《路易斯·韦恩的幼儿绘本》。
- 5月31日：第二次布尔战争结束，南非并入大英帝国。
- 6月11日，星期三：皇家阿尔伯特音乐厅举办了一场为爱德华国王医院基金会募捐的大型慈善音乐会。马尔伯爵加冕进行曲委员会（路易斯·韦恩担任该委员会的名誉秘书）颁发了三个奖项，分别价值一百英镑、五十英镑和二十五英镑。一等奖授予了艾丽西娅·尼达姆小姐。
- 7月：保守党首相索尔兹伯里勋爵退位，他的侄子亚瑟·巴尔福接任首相职位。
- 8月5日：菲尔·梅去世。
- 8月9日：爱德华七世国王和亚历山德拉王后在威斯敏斯特教堂加冕。
- 10月14日，星期二：路易斯给《晨报》写了一封信，该信之后在报纸上刊登，标题为"行将就木的帝国"。
- 1902年的《路易斯·韦恩年刊》由安东尼·特里赫恩公司出版。

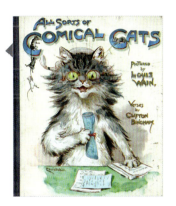

《各种漫画猫》，克利夫顿·宾厄姆配文，伦敦：欧内斯特·尼斯特公司出版，1902年，封面

1903年

- 路易斯为至少十一本儿童图书绘制插画，其中包括诺拉·切森编写，拉斐尔·塔克父子公司出版的《路易斯·韦恩带你游仙境》（With Louis Wain to Fairyland）。
- 1903年的《路易斯·韦恩的夏日之书》是夏日之书系列的第一本，由哈钦森公司出版。

《路易斯·韦恩带你游仙境》，诺拉·切森编写，伦敦：拉斐尔·塔克父子公司出版，1903年，封面

唐纳德·麦吉尔，《看哪，我们的汤姆猫（花心大少猫）带他的猫宝宝们回家喝茶了》

《第一项和平条约及其为何不是最后一项和平条约的原因》，R.S. 彭杰利编写，伦敦：P.S. 金父子公司出版，1905 年

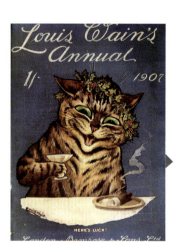

《路易斯·韦恩年刊》，伦敦：贝姆罗兹父子公司出版，1907 年，封面

- 第三期《路易斯·韦恩年刊》由 T.F.G. 科茨编写，哈钦森公司出版。
- 12 月 17 日：奥维尔·赖特驾驶"赖特飞行者一号"在北卡罗来纳州的基蒂霍克首次试飞。

1904 年

- S.W. 帕特里奇公司出版了《路易斯·韦恩带你游动物王国》。
- 唐纳德·麦吉尔创作了他的第一批漫画明信片。
- 4 月 8 日：英法两国签署《英法协约》（Entente cordiale）。

1905 年

- 第四期《路易斯·韦恩年刊》由 R.S. 彭杰利编写，P.S. 金父子公司（P.S.King & Son）出版。

1906 年

- 2 月：大选过后，自由党领袖亨利·坎贝尔·班纳曼成为首相。
- 这一年，路易斯成为"我们的动物朋友联盟协会"（Society of Our Dumb Friends' League）的委员会成员，该协会旨在为流浪猫提供庇护所。
- 韦恩一家搬到滨海韦斯特盖特的科林伍德排屋 10 号（如今的韦斯特盖特海湾大道 29 号）。同往常一样，路易斯将房子取名为本迪戈小屋，"本迪戈"这个名字取自拳击手威廉·汤普森的绰号。
- 第五期《路易斯·韦恩年刊》由约翰·F. 肖公司出版。

1907 年

- 夏天：韦恩在一场诉讼中败诉。
- 10 月 12 日，星期六：路易斯在英国几乎没有新的工作邀约，便接受了赫斯特报社旗下《纽约美国人》的邀请，启航前往纽约。
- 第六期《路易斯·韦恩年刊》由贝姆罗兹父子公司出版。
- 鲁德亚德·吉卜林获得诺贝尔文学奖。

1907—1911 年

- 1907 年 12 月 8 日（星期日）至 1911 年 1 月 15 日（星期日）：路易斯在《纽约美国人》以及赫斯特旗下其他报纸的周日版面上发表连环漫画。

1908 年

- 韦恩定期为《我们的猫》杂志投稿,撰写美国爱猫人士喜爱的文章。
- 4月:亨利·坎贝尔·班纳曼爵士由于健康原因辞去首相职务。赫伯特·亨利·阿斯奎斯接替其担任自由党领袖和首相职务。
- 第七期《路易斯·韦恩年刊》由贝姆罗兹父子公司出版。

1909 年

- 第八期《路易斯·韦恩年刊》(1909—1910)由乔治·艾伦父子公司出版。

1910 年

- 1月26日,星期三:路易斯母亲因流感去世,当时被安葬在马盖特公墓。
- 路易斯从纽约乘船回家。
- 路易斯与发明者合作,为一盏具有革命性意义的油灯申请专利,但是投入的资金血本无归。
- 5月6日:爱德华七世国王在白金汉宫逝世;乔治五世继承王位。
- 第九期《路易斯·韦恩年刊》(1910—1911)由乔治·艾伦父子公司出版。

1911 年

- 6月22日:乔治五世国王与玛丽王后在威斯敏斯特教堂加冕。
- 第十期《路易斯·韦恩年刊》(1911—1912)由约翰·F.肖公司出版。

1912 年

- 第十一期《路易斯·韦恩年刊》由约翰·F.肖公司出版。

1913 年

- 3月3日,星期一:路易斯的妹妹玛丽在东肯特郡精神病院去世。
- 6月4日:在爱普生德比(Epsom Derby)赛马会上,妇女参政论者艾米莉·戴维森冲入马场,倒在乔治五世国王的名叫"安墨"的赛马蹄下,四天后去世。
- 第十二期《路易斯·韦恩年刊》由约翰·F.肖公司出版。

1913—1914 年

- 1913年12月7日(星期日)至1914年7月26日(星期日):小猫比利、马耳他猫托比、利爪汤姆、汤姆猫(花心大少猫)和绒爪家族的冒险故事在各种美国报纸的星期日刊上连载。

路易斯·韦恩,大约 1910 年

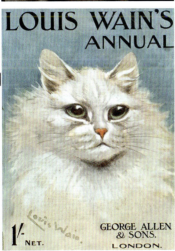

《路易斯·韦恩年刊》,伦敦:乔治·艾伦父子公司出版,1910—1911 年,封面

"利爪汤姆冒险记"中的一页,该连环漫画于 1913 年至 1914 年期间出现在各种美国报纸的星期日刊上

《幸运的未来主义猫和他的喵喵音符》，1914 年

1914 年

- 马克斯·伊曼纽尔公司登记了二十款幸运的未来主义吉祥物陶瓷制品的设计稿，逐步在英国、奥地利和捷克斯洛伐克投入生产这些陶瓷制品。
- 6 月 12 日：幸运的未来主义吉祥物在马克斯·伊曼纽尔陈列室展出，该陈列室位于伦敦 EC 鞋巷 41-42 号。
- 6 月 28 日：奥匈帝国皇储弗朗茨·斐迪南大公及其妻子在萨拉热窝遇刺，此事成为第一次世界大战的导火索。7 月 28 日，奥匈帝国向塞尔维亚宣战，第一次世界大战开始。
- 8 月 4 日：英国加入第一次世界大战。
- 10 月 7 日，星期三：路易斯在准备登上公交车的时候不慎跌落。据《泰晤士报》报道，他因脑震荡住进圣巴塞洛缪医院，至少住院了两周。
- 第十三期《路易斯·韦恩年刊》由约翰·F. 肖公司出版。

1915 年

- 秋天：路易斯为他的"测距仪"申请专利。
- 第十四期《路易斯·韦恩年刊》由约翰·F. 肖公司出版。

1916 年

- 这一年，路易斯成为英国反活体解剖协会的成员。
- 4 月：共和党人在都柏林发起了复活节起义，目的是结束英国在爱尔兰的统治。
- 12 月：虽然阿斯奎特仍然担任自由党领袖，但是大卫·劳合·乔治接替其成为首相，以领导战时联合政府。

1917 年

- 路易斯和四个妹妹一起搬到了伦敦基尔伯恩的布朗兹伯里路 41 号。
- 3 月 8 日至 12 日：俄罗斯帝国首都彼得格勒爆发了"二月革命"，沙皇尼古拉斯二世退位。
- 4 月 14 日：韦恩妹妹卡罗琳死于流感。
- 10 月 7 日至 8 日：彼得格勒爆发"十月革命"。
- 由乔治·皮尔森导演，H.D. 伍德制作，韦恩编剧并绘制的动画电影《打高尔夫球的猫》【主角为猫爪（Pussyfoot）】和《猎人与狗》首次在影院上映。
- 乔治·皮尔森（1875—1973）是一位前卫的电影导演、制片人和编剧。在自传《记忆闪回》（Flashback）（1957）中，他将 H.D. 伍德描绘为高蒙公司租赁和电影销售部门的负责人。

路易斯·韦恩，大约 1917 年

1918 年
- 11 月 11 日：同盟国与德国在贡比涅森林（Forêt de Compiègne）签署停战协议，第一次世界大战结束。

1919 年
- 6 月 28 日：四十四个国家签署了《国际联盟盟约》。
- 12 月 14 日：《菲利克斯历险记》首次在影院上映，这是第一部将角色命名为菲利克斯猫的动画电影。

1920 年
- 瓦伦丁父子公司出版了四本新书，由韦恩绘制插图，塞西莉·M. 拉特利编写：《小猫普里西拉的故事》《淘气小猫的故事》《彼得·普斯金的故事》和《花斑猫双胞胎的故事》。

1921 年
- 瓦伦丁父子公司出版了三本"摇摇眼"（Rocker）书（造型图书，书的封面上有可以转动的眼睛），由韦恩绘制插图，塞西莉·M. 拉特利编写：《摇摇狗：彼特汪》《摇摇猫：波莉喵》和《摇摇熊：淘气泰迪》。但是，韦恩的绘画任务越来越少，债务却越来越多。他的妹妹们不得不工作，家里的氛围也越来越差。
- 第十五期也是最后一期的《路易斯·韦恩年刊》由哈钦森公司出版。

1922 年
- 根据路易斯妹妹们的说法，这一年路易斯的精神状态开始恶化。
- 11 月 15 日：保守党赢得大选，安德鲁·博纳·劳成为首相。

1923 年
- 路易斯的最后一本书《路易斯·韦恩的童书》由哈钦森公司出版。
- 5 月：安德鲁·博纳·劳由于健康原因辞去首相职务。斯坦利·鲍德温接替其担任保守党领袖和首相职务。

1924 年
- 1 月：1923 年大选过后，乔治五世国王呼吁工党领袖拉姆齐·麦克唐纳联合自由党，组建一个少数党政府。

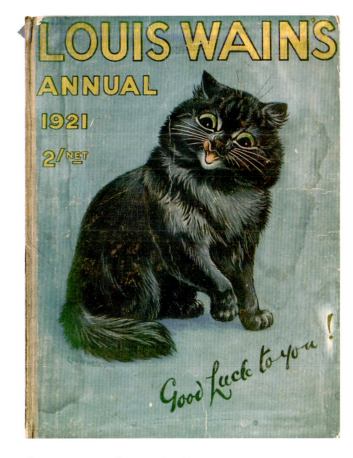

《路易斯·韦恩年刊》，1921 年，封面

- 6月16日：路易斯被鉴定为精神失常，住进了伦敦图厅街区格伦伯尼路的斯普林菲尔德精神病院的贫民病房，确诊患有精神分裂症。
- 10月29日：保守党赢得大选，斯坦利·鲍德温开始了他的第二任首相任期。

1925年

- 丹·瑞德是某个委员会的成员，奉命行事探访精神病院，在斯普林菲尔德精神病院里发现了路易斯。他在塞西尔·切斯特顿夫人（G.K.切斯特顿的弟媳）的帮助以及众多有影响力的人士联名支持下，设立了路易斯·韦恩基金会。
- 丹尼尔·詹姆斯·瑞德（生于1869年）在查理十字街旁的圣马丁宅邸36号开了一家专卖艺术、哲学和左翼政治类书籍的书店，还出售"特定费边主义作家的图书"。这家书店是20世纪初作家和艺术家的聚集地。瑞德是英国第一个社会主义政党"社会民主联盟"的成员，也是"战争租金联盟"（War Rents League）的创始人。"战争租金联盟"旨在为租客争取权利。
- 8月24日，星期一：由于首相拉姆齐·麦克唐纳的介入，韦恩搬到了萨瑟克区圣乔治绿地的贝特莱姆皇家医院。
- 8月27日，星期四：英国广播公司伦敦2LO电台播出了由H.G.威尔斯撰写、演员罗伯特·洛兰朗读的呼吁信。
- 9月8日，星期二：基金委员会召开会议，认可了韦恩妹妹们的诉求。他们在原来筹集到的1500英镑救助基金的基础上，定下了要筹集3000英镑的新目标。
- 10月4日（星期日）至11月7日（星期六）：为了给路易斯筹集资金，伦敦艾德菲地区达勒姆府街3号的XXI画廊举办了一场销售展。路易斯·韦恩基金会同期出版了《路易斯·韦恩作品纪念册》。

韦恩在斯普林菲尔德和纳普斯伯里精神病院里绘制的一幅典型代表作

1926年

5月3日至13日：英国职工大会总理事会发起了全国性大罢工。

1929年

- 4月：英国《每日邮报》宣布了一项由拉姆齐·麦克唐纳背书的募捐活动。麦克唐纳还批准了韦恩在世的三个妹妹享有少量王室年度津贴（civil list pension），以表彰她们的哥哥路易斯"为通俗艺术所做的贡献"。
- 5月30日：大选结果出现悬峙议会❶，拉姆齐·麦克唐纳领导的工党选票领先，但未能取得半数议席。

---

❶ 悬峙议会指在议会制国家中，没有一个政党在议会内取得绝对多数。——译者注

- 10月：华尔街崩盘。

1930 年
- 5月30日：路易斯住进了纳普斯伯里居住区的米德尔塞克斯县精神病院，该精神病院位于赫特福德郡圣奥尔本斯市附近。他一直住在该院至1939年去世。

大约 1931 年
- 路易斯为拉斐尔·塔克父子公司创作了最后一个系列的明信片——"路易斯·韦恩的吉祥物"。

《心满意足的吉祥物》，选自"路易斯·韦恩的吉祥物"系列明信片，拉斐尔·塔克父子公司出版，大约1931年

1931 年
- 7月20日（星期一）至8月14日（星期五）：为了给路易斯筹集资金，伦敦新邦德大街布鲁克街14号的布鲁克街画廊举办了一场与拉斐尔·塔克父子公司联合举办的"路易斯·韦恩绘画作品展"。
- 10月27日，星期二：大选结果是保守党以压倒性优势获胜。然而，工党领袖拉姆齐·麦克唐纳依旧掌权，并担任为应对大萧条而成立的联合国民政府的首脑。

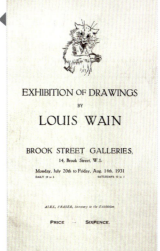

布鲁克街画廊举办的"路易斯·韦恩绘画作品展"宣传册，1931年

1933 年
- 1月30日：阿道夫·希特勒宣誓就任德国总理。

1934 年
- 最后一本路易斯署名的图书《路易斯·韦恩的伟大畅销作品迷你书》由迪安出版社出版。

《路易斯·韦恩的伟大畅销作品迷你书》，伦敦：迪安出版社出版，1934年，封面

1935 年
- 11月14日：大选结果是国民政府（National Government）[1] 赢得多数选票，尽管与过去相比票数有所减少。自6月以来，国民政府一直由保守党的斯坦利·鲍德温担任首脑。

---

[1] 国民政府在英国政治层面上可泛指由部分或所有主要党派合组的联合政府，但历史上主要是指由拉姆齐·麦克唐纳、斯坦利·鲍德温和内维尔·张伯伦在1931年至1940年筹组的联合政府。——译者注

路易斯·韦恩的死亡证明

1936 年

- 1月20日：乔治五世国王在诺福克郡的桑德林汉姆宫逝世；爱德华八世继承王位。
- 11月20日，星期五：路易斯罹患中风，卧床不起。
- 12月11日：英国国王爱德华八世为了迎娶离异的美国妇人沃利斯·辛普森，不惜宣布退位；他的弟弟乔治六世继承王位。

1937 年

- 5月12日：乔治六世国王与伊丽莎白王后在威斯敏斯特教堂加冕。
- 5月28日：斯坦利·鲍德温辞去首相职务，内维尔·张伯伦接任保守党领袖和首相职务。
- 6月：克里夫德街的克莱伦登府（Clarendon House）举办了一场展览，展出了路易斯·韦恩的一百五十幅新旧作品。

1938 年

- 9月30日：内维尔·张伯伦在慕尼黑会见德国总理阿道夫·希特勒后，在唐宁街10号门外宣布："我相信，这是属于我们这个时代的和平。"

1939 年

- 1月14日，星期六：路易斯的妹妹约瑟芬去世。
- 6月：克里夫德街的克莱伦登府举办了一场展览，展出了路易斯·韦恩的一百五十幅画作。
- 7月4日，星期二：路易斯因尿毒症和年老体衰，在纳普斯伯里精神病院去世。
- 7月5日，星期三：路易斯的遗体被送往位于基尔伯恩的奎克斯路的圣心教堂。
- 7月6日，星期四：路易斯被安葬在肯萨尔绿地的圣玛丽罗马天主教公墓，与他的父亲以及妹妹卡罗琳和约瑟芬合葬在一起。
- 9月1日：德国入侵波兰，第二次世界大战爆发。

1940 年

- 2月8日，星期四：妹妹菲丽西去世。

1945 年

- 5月20日，星期日：妹妹克莱尔去世。

1968 年
- 罗德尼·戴尔所著的《路易斯·韦恩：画猫的人》由威廉·金伯有限公司出版。

1972—1973 年
- 12月6日（星期三）至1月14日（星期日）：维多利亚与阿尔伯特博物馆举办了"路易斯·韦恩"展览。印刷与绘图部的副馆长布莱恩·雷德担任策展人。

1977 年
- 哈钦森公司出版了罗德尼·戴尔推介的《猫之国》❶。

1978 年
- 伦敦贝尔塔莱维亚区的苏富比拍卖行举办了"路易斯·韦恩笔下的猫和朋友们的合集"（Louis Wain. A collection of cats and friends）拍卖会，共六十六件拍品。

1983 年
- 10月8日（星期六）至10月23日（星期日）：克里斯·彼特斯有限公司举办了"路易斯·韦恩（1860—1939）"展览，共展出一百零六幅作品。这是该公司商业年展系列的首次展览。商业年展延续至今，每年夏天都会举办。
- 《路易斯·韦恩的猫》由迈克尔·帕金汇编并推介，泰晤士·哈德逊出版社出版。

---

❶ 《猫之国》是由路易斯·韦恩绘制的图书。——译者注

罗德尼·戴尔，《路易斯·韦恩：画猫的人》，伦敦：威廉·金伯有限公司出版，1968 年，封面

"路易斯·韦恩"展览的海报，该展览由维多利亚与阿尔伯特博物馆举办，1972—1973 年

"路易斯·韦恩（1860—1939）"展览的宣传册，该展览由克里斯·彼特斯有限公司举办，1983 年

《路易斯·韦恩的猫》，迈克尔·帕金汇编并推介，伦敦：泰晤士·哈德逊出版社出版，1983 年，封面

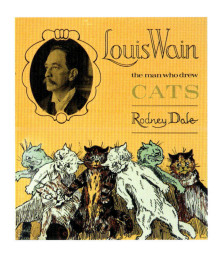

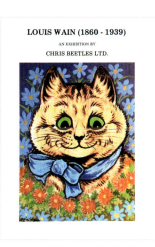
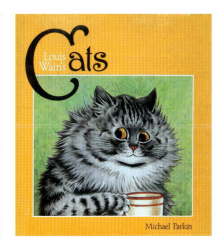

 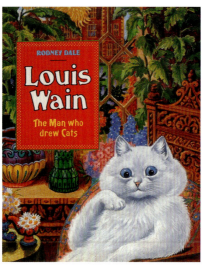 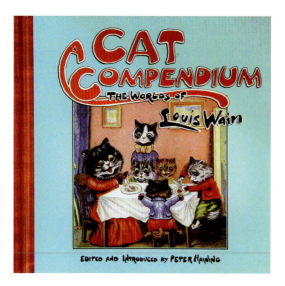

"路易斯·韦恩"展览的宣传册,该展览由克里斯·彼特斯有限公司举办,1989年

罗德尼·戴尔,《路易斯·韦恩:画猫的人》,伦敦:克里斯·彼特斯有限公司出版,2000年,封面

彼得·海宁(编辑),《猫咪大全——路易斯·韦恩的世界》(A Cat Compendium. The Worlds of Louis Wain),伦敦:彼得·欧文出版社出版,2004年,封面

1986 年
7 月 26 日(星期六)至 9 月 27 日(星期六):约克市美术馆举办了"猫!路易斯·韦恩(1860—1939)[133 件]作品展"。当时的策展人为克里斯·彼特斯。

1989 年
7 月 5 日至 21 日:克里斯·彼特斯有限公司举办了"路易斯·韦恩"展览,共展出六十九件作品,以此纪念这位艺术家逝世五十周年。

1991 年
罗德尼·戴尔所著的《路易斯·韦恩:画猫的人》修订版添加了多幅整页彩色插图,由迈克尔·奥马拉有限公司和克里斯·彼特斯有限公司联合出版。

2000 年
罗德尼·戴尔所著的《路易斯·韦恩:画猫的人》由克里斯·彼特斯有限公司再次出版。

2004 年
《猫咪大全——路易斯·韦恩的世界》,由彼得·海宁编写并推介,彼得·欧文出版社出版。

▶ 作者简介：克里斯 · 彼特斯（Chris Beetles）

英国艺术界最重要的经销商之一，在卡通和插画领域有着居于世界领导地位的才能。在过去的 30 年里，他在伦敦圣詹姆斯的画廊举办了许多展览。2003 年，皇家艺术学院任命他为荣誉院士，以表彰他对插画艺术的贡献。他被认为是路易斯·韦恩画作的权威人士，博物馆、拍卖行和收藏家经常与他接触，请他帮忙评判市场上出现的作品的真实性。

▶ 译者简介：张李贝

一级翻译，本科毕业于南京财经大学英语专业，硕士毕业于上海外国语大学英语语言文学专业（翻译学方向），曾获得第三十二届韩素音国际翻译大赛汉译英二等奖。

图书在版编目（CIP）数据

让世界爱上猫：路易斯·韦恩的世界 /（英）克里斯·彼特斯（Chris Beetles）著；张李贝译. -- 北京：中译出版社，2023.8
书名原文：LOUIS WAIN'S CATS
ISBN 978-7-5001-7278-9

Ⅰ. ①让… Ⅱ. ①克… ②张… Ⅲ. ①插画（绘画）- 作品集 - 英国 - 现代 Ⅳ. ① J238.5

中国国家版本馆 CIP 数据核字 (2023) 第 007798 号

Copyright © 2011, Chris Beetles
Copyright licensed by Canongate Books Ltd.
arranged with Andrew Nurnberg Associates International Limited
Simplified Chinese translation copyright © 2023 by China Translation & Publishing House
ALL RIGHTS RESERVED
著作权合同登记号：图字 01-2022-1301

让世界爱上猫：路易斯·韦恩的世界
RANG SHIJIE AISHANG MAO:LUYISI WEIEN DE SHIJIE

出 版 人：乔卫兵
总 策 划：刘永淳
策划编辑：温晓芳 马昕竹
责任编辑：温晓芳
营销编辑：梁 燕
装帧设计：张珍珍

出版发行：中译出版社
地　　址：北京市西城区新街口外大街 28 号普天德胜主楼 4 层
电　　话：（010）68002926
邮　　编：100044
电子邮箱：book@ctph.com.cn
网　　址：http://www.ctph.com.cn
印　　刷：山东临沂新华印刷物流集团有限责任公司
经　　销：新华书店
规　　格：787 毫米 ×1092 毫米　1/12
印　　张：22⅔
字　　数：74 千字
版　　次：2023 年 8 月第 1 版
印　　次：2023 年 8 月第 1 次

ISBN 978-7-5001-7278-9　　定价 218.00 元

版权所有　侵权必究
中 译 出 版 社